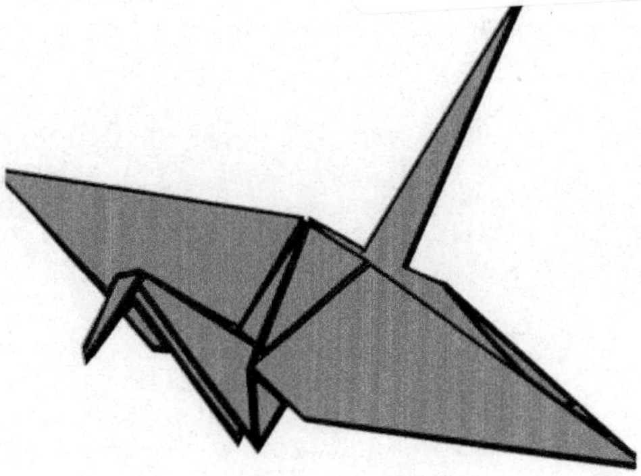

THIS BOOK BELONGS TO

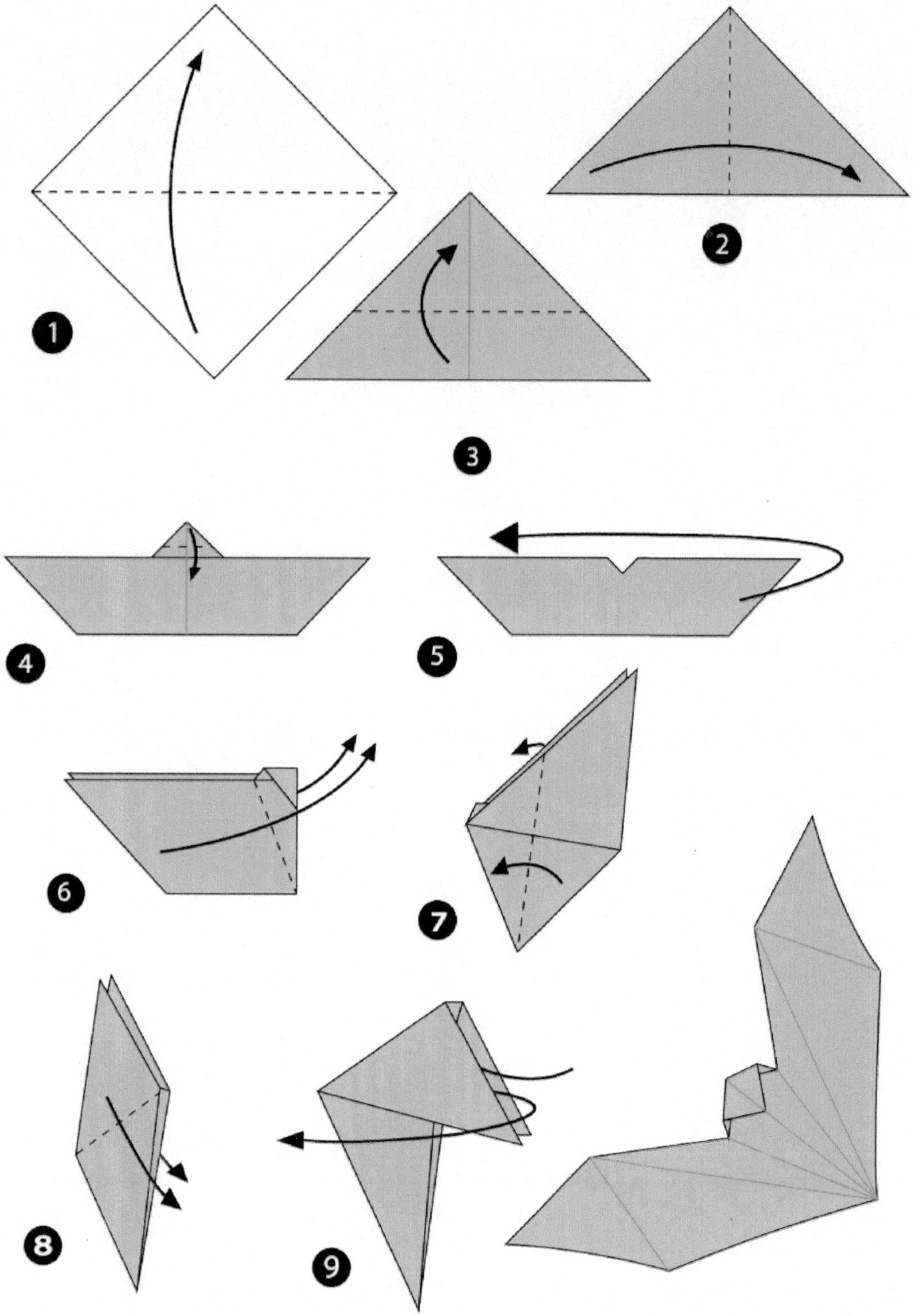
1
2
3
4
5
6
7
8
9

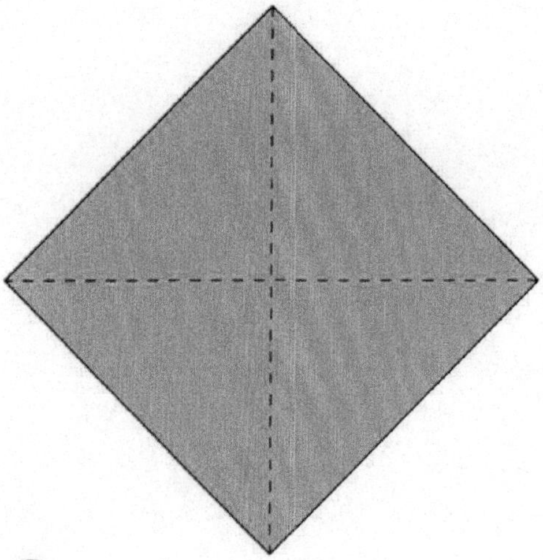

1

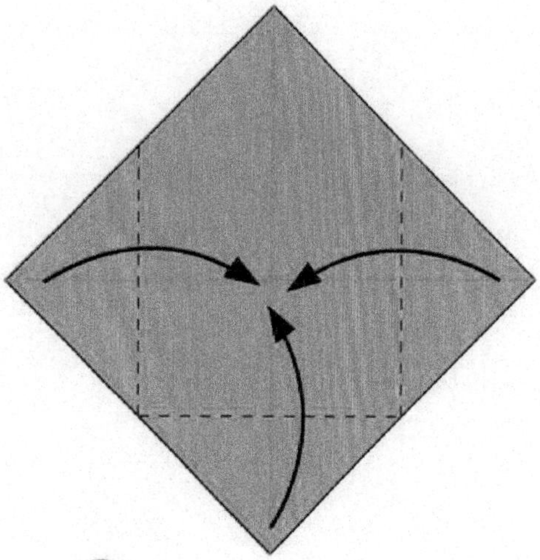

2

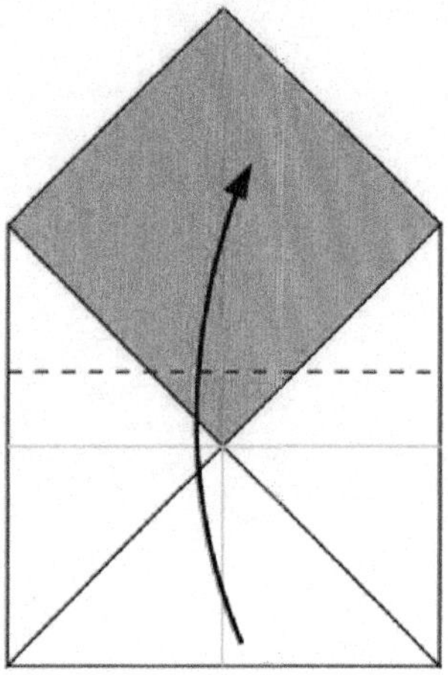

3

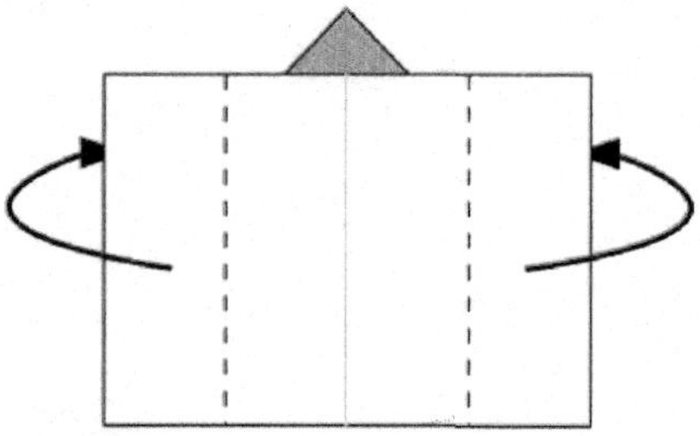

4

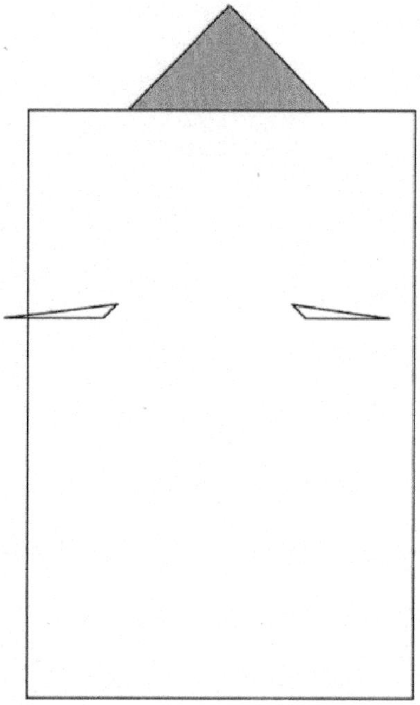

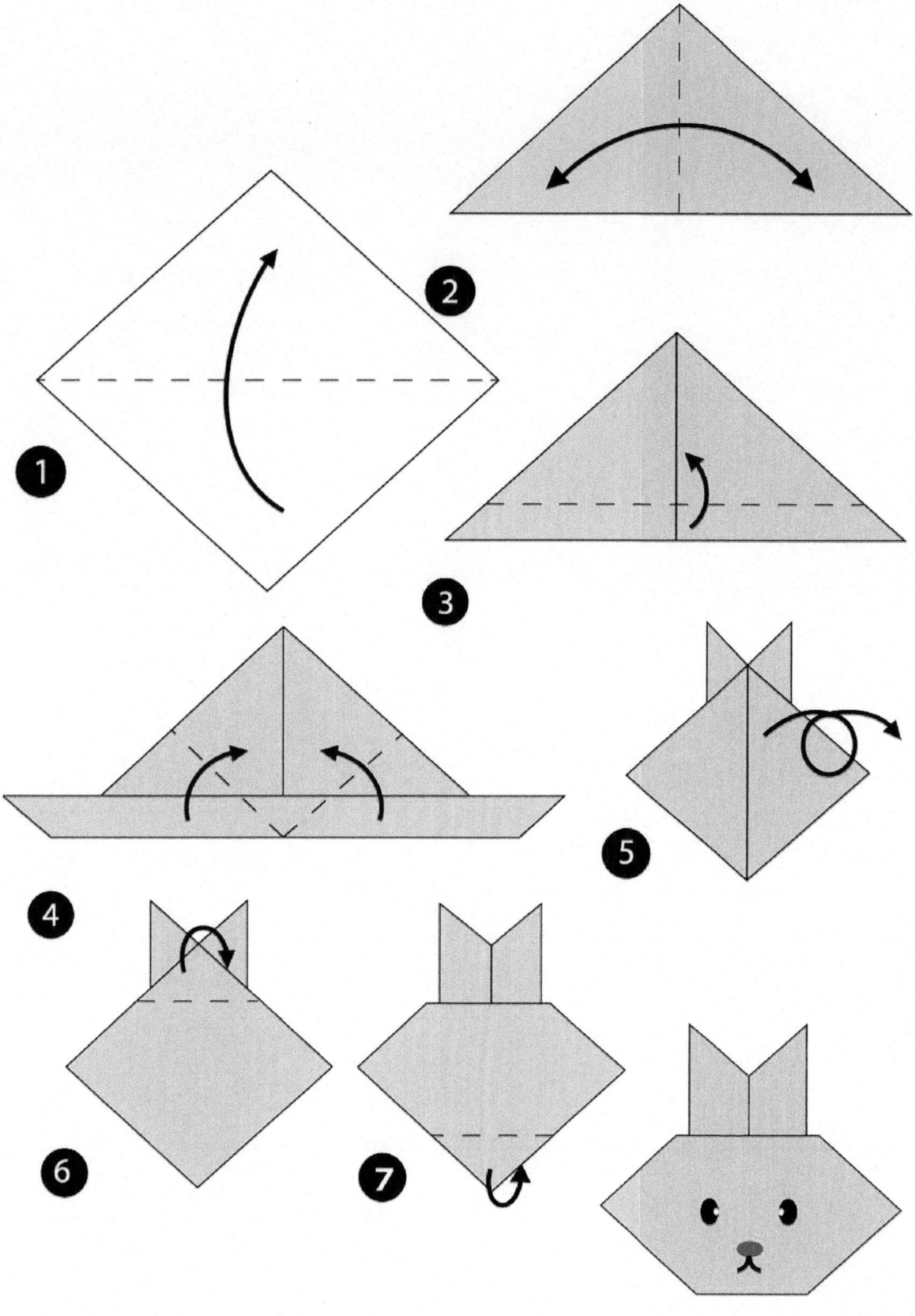
1
2
3
4
5
6
7

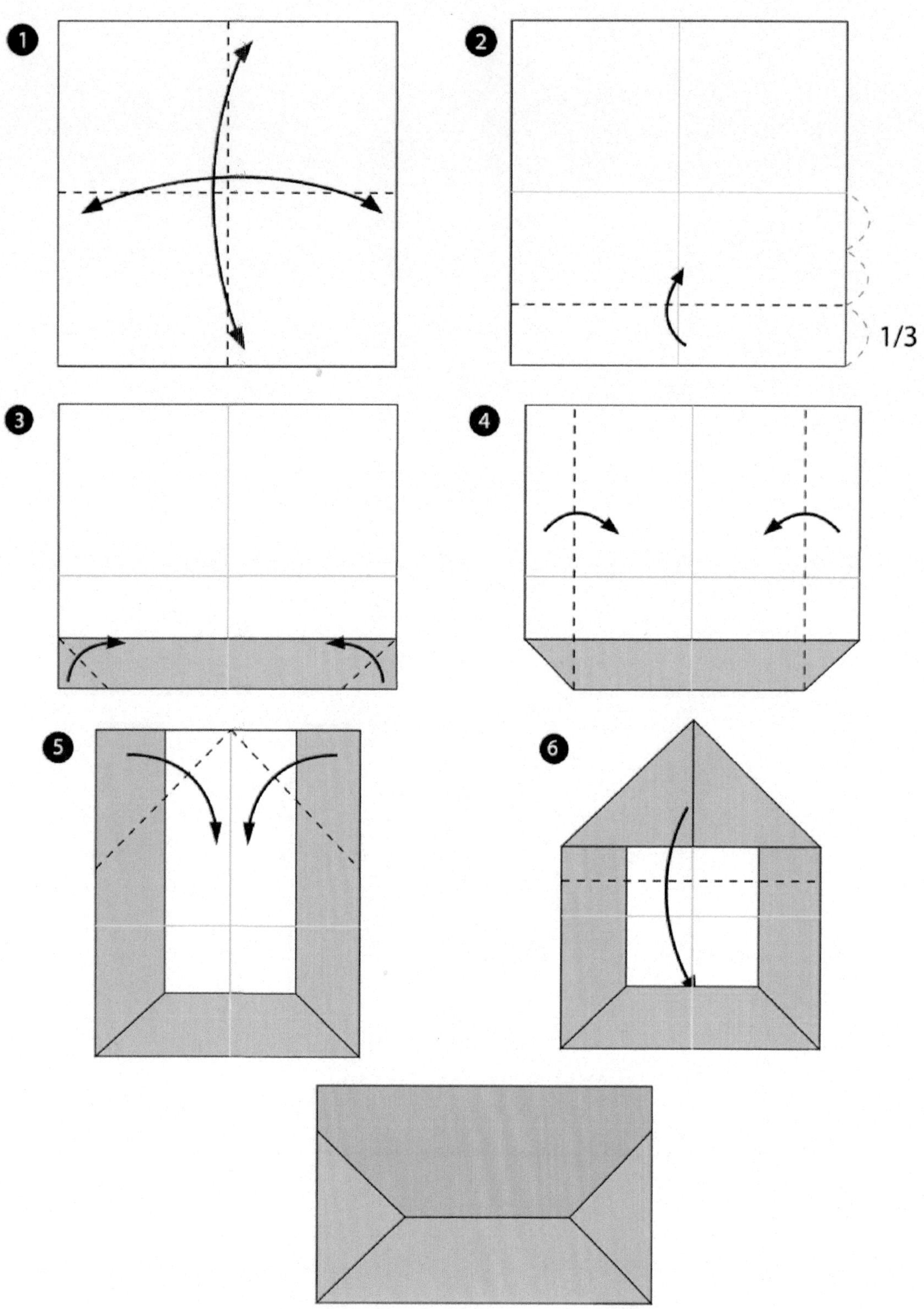
1
2
1/3
3
4
5
6

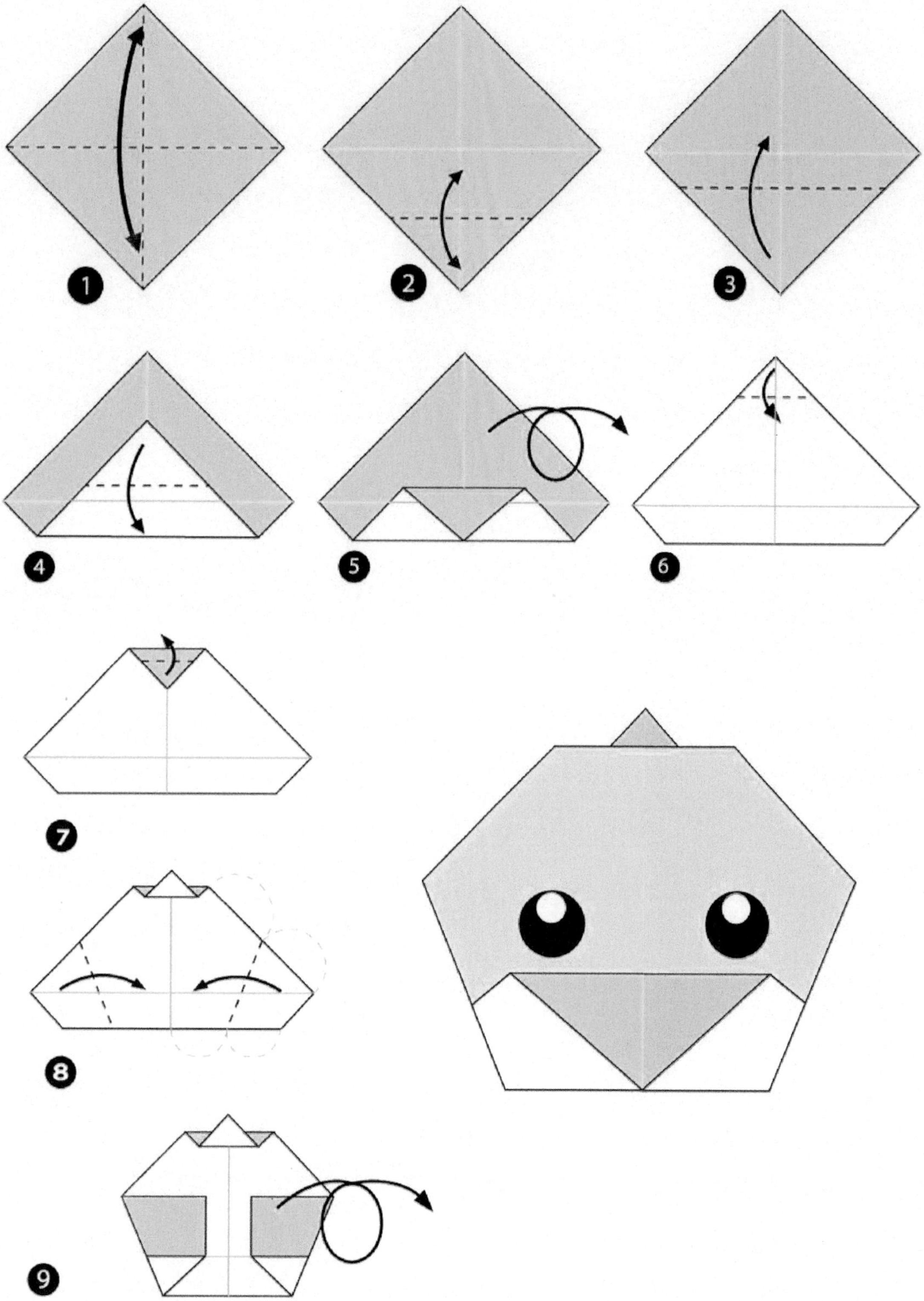
1
2
3
4
5
6
7
8
9

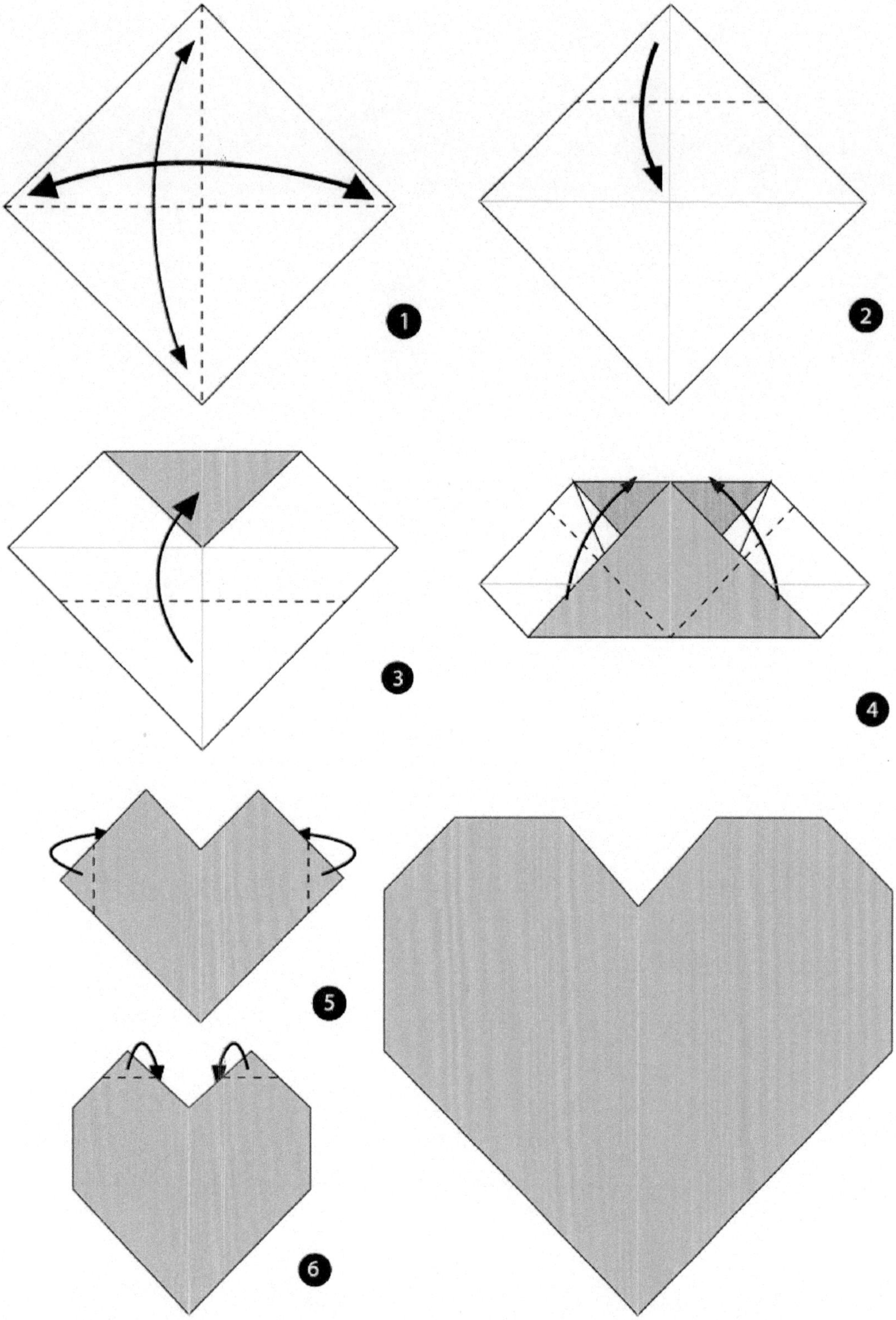
1
2
3
4
5
6

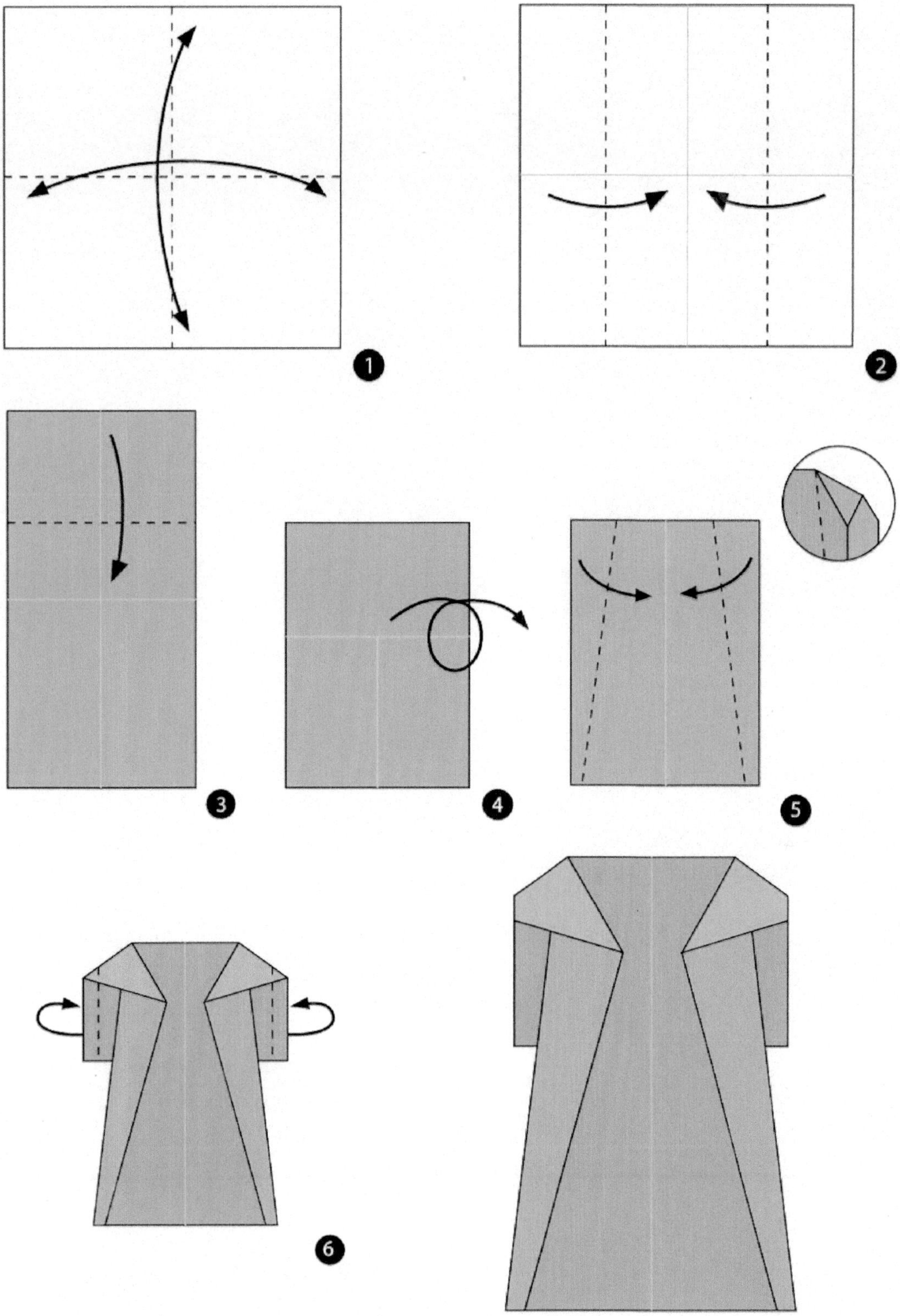
1
2
3
4
5
6

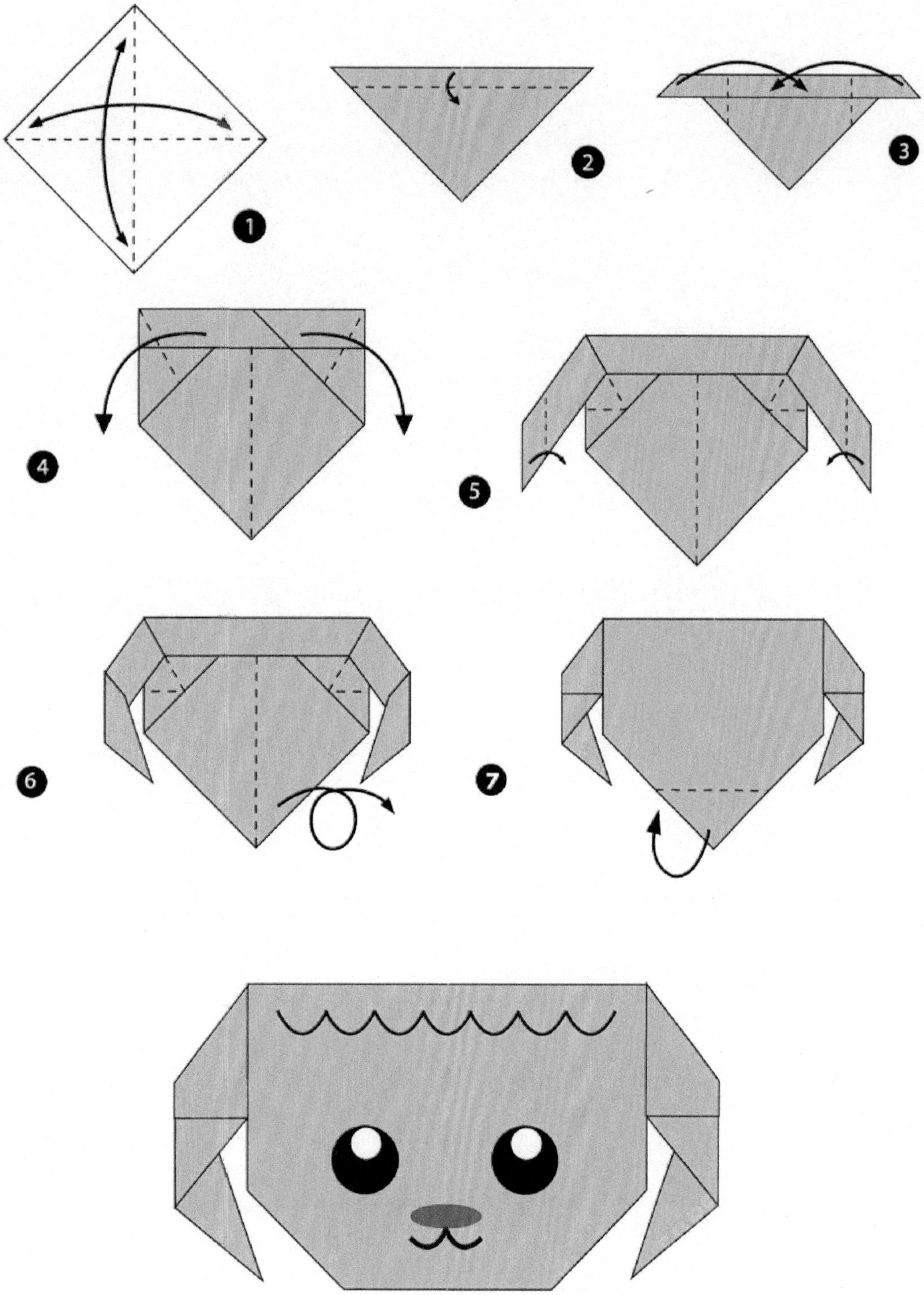
1
2
3
4
5
6
7

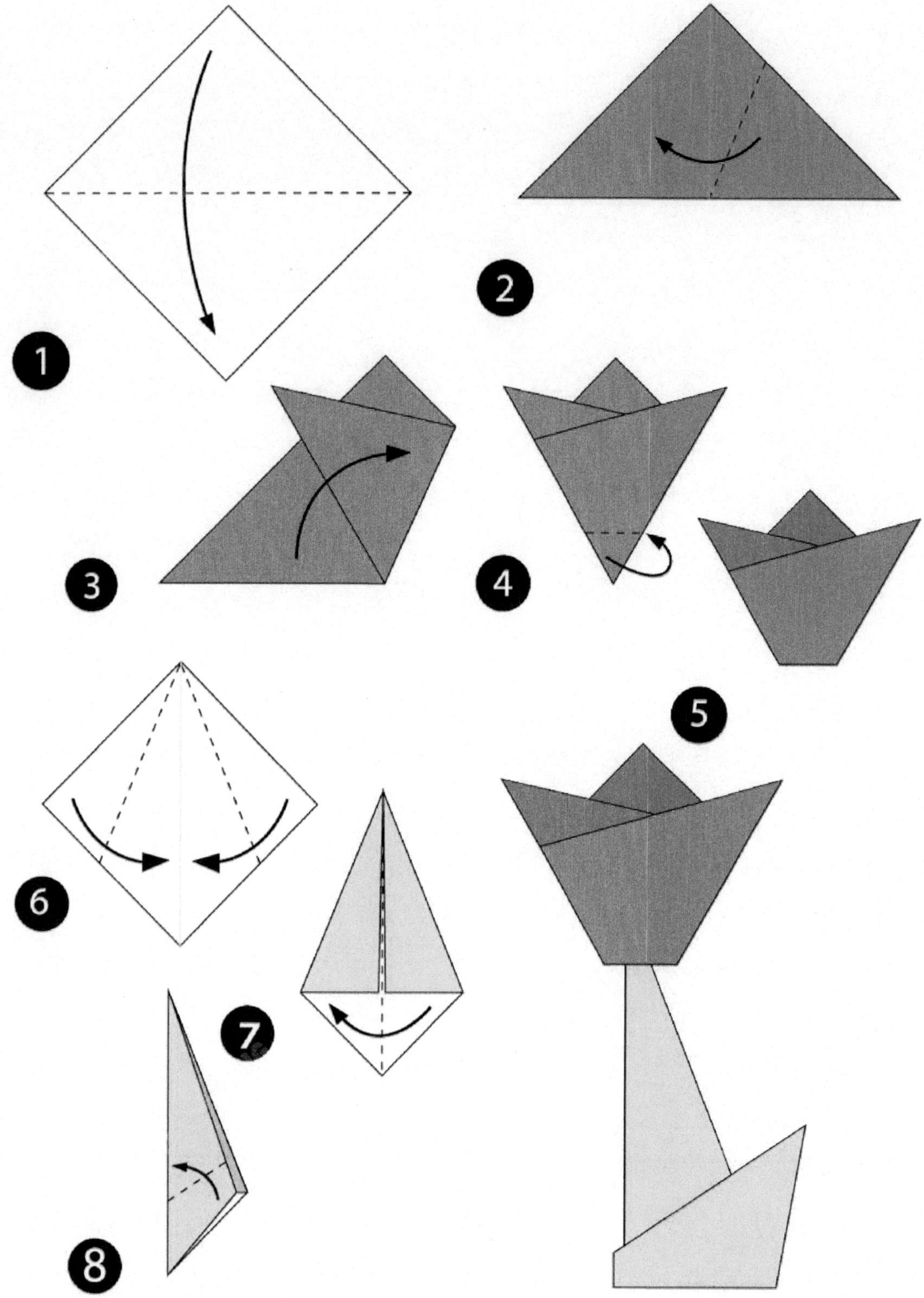
1
2
3
4
5
6
7
8

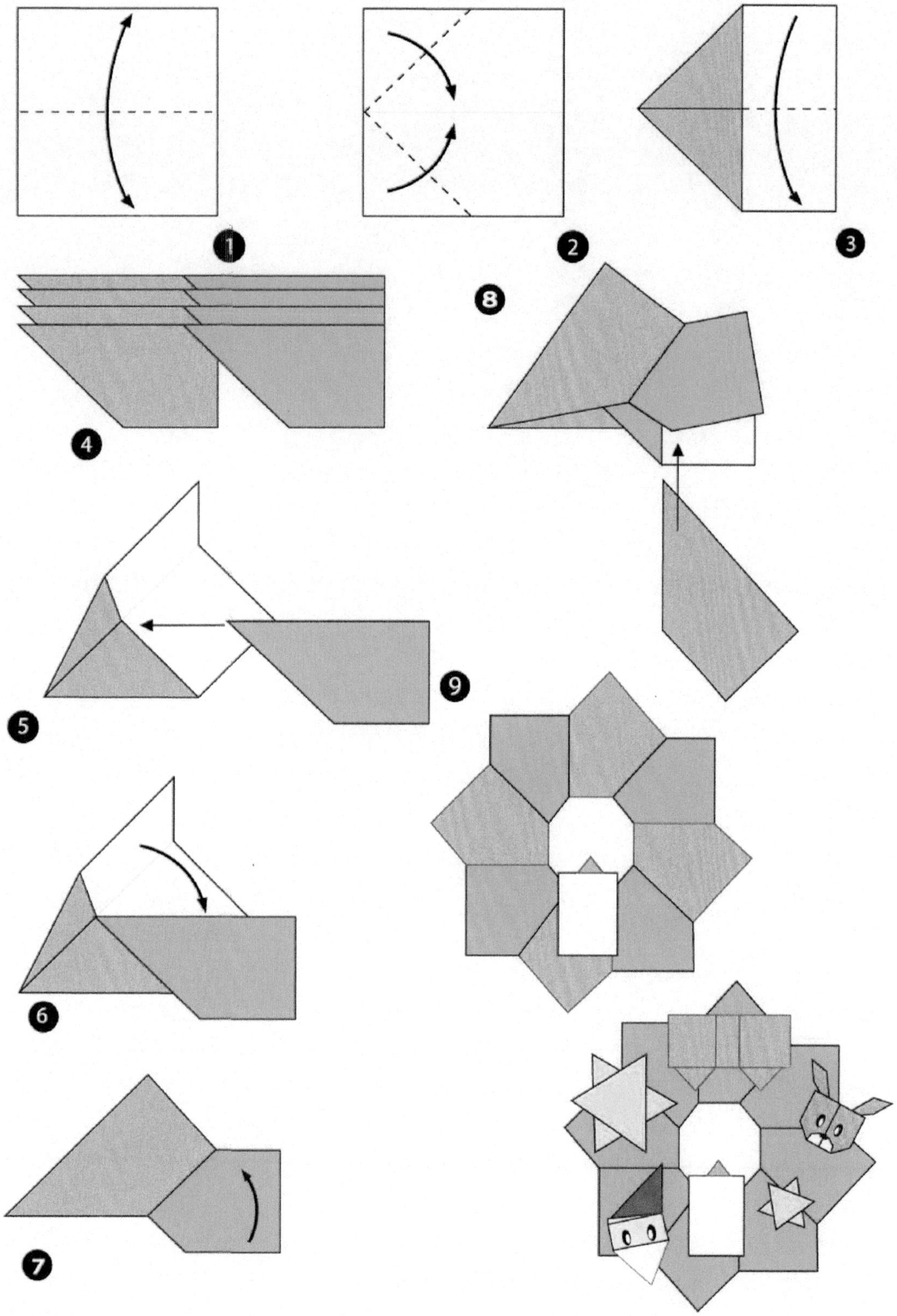
1
2
3
4
5
6
7
8
9

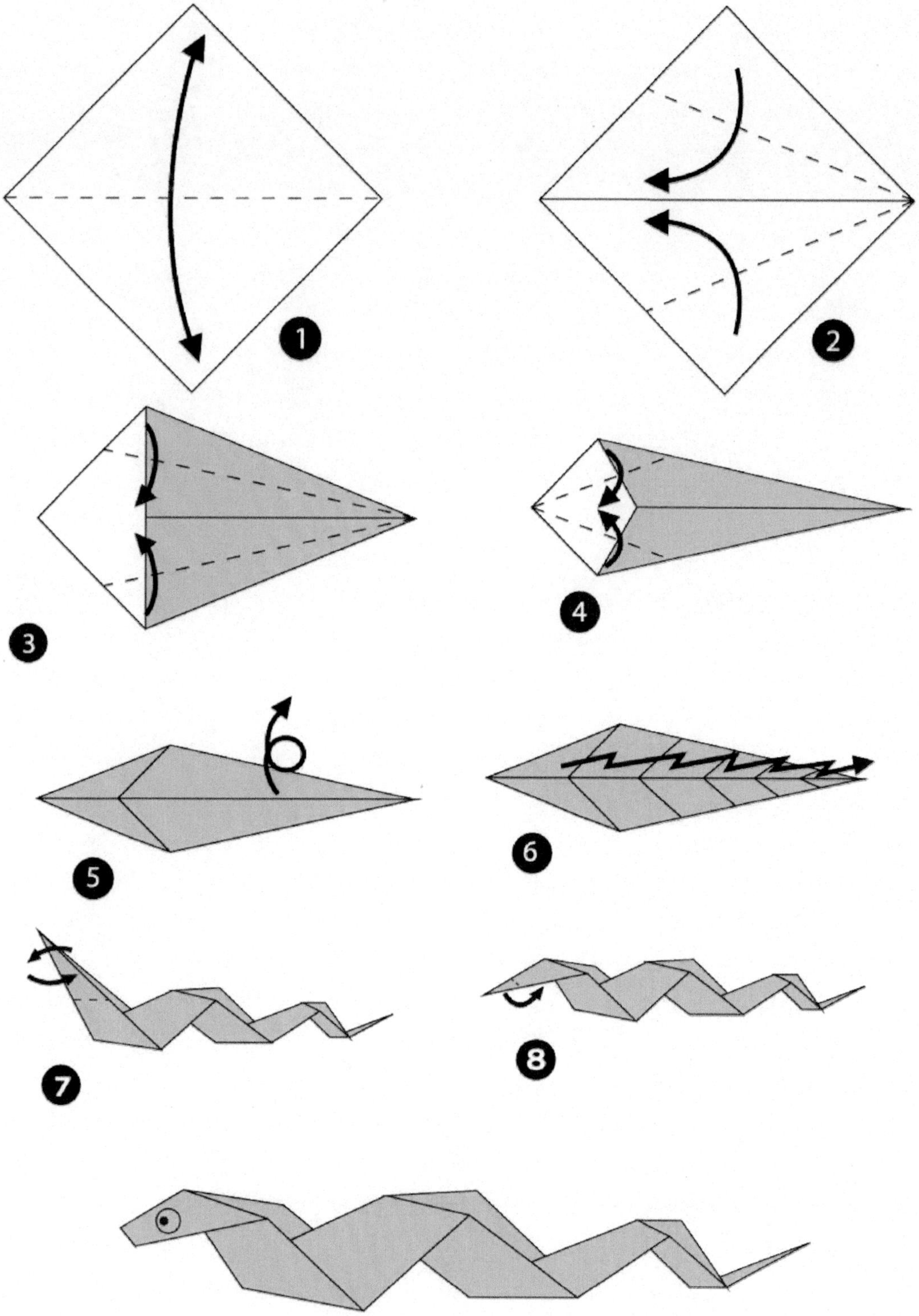

1
2
3
4
5
6
7
8

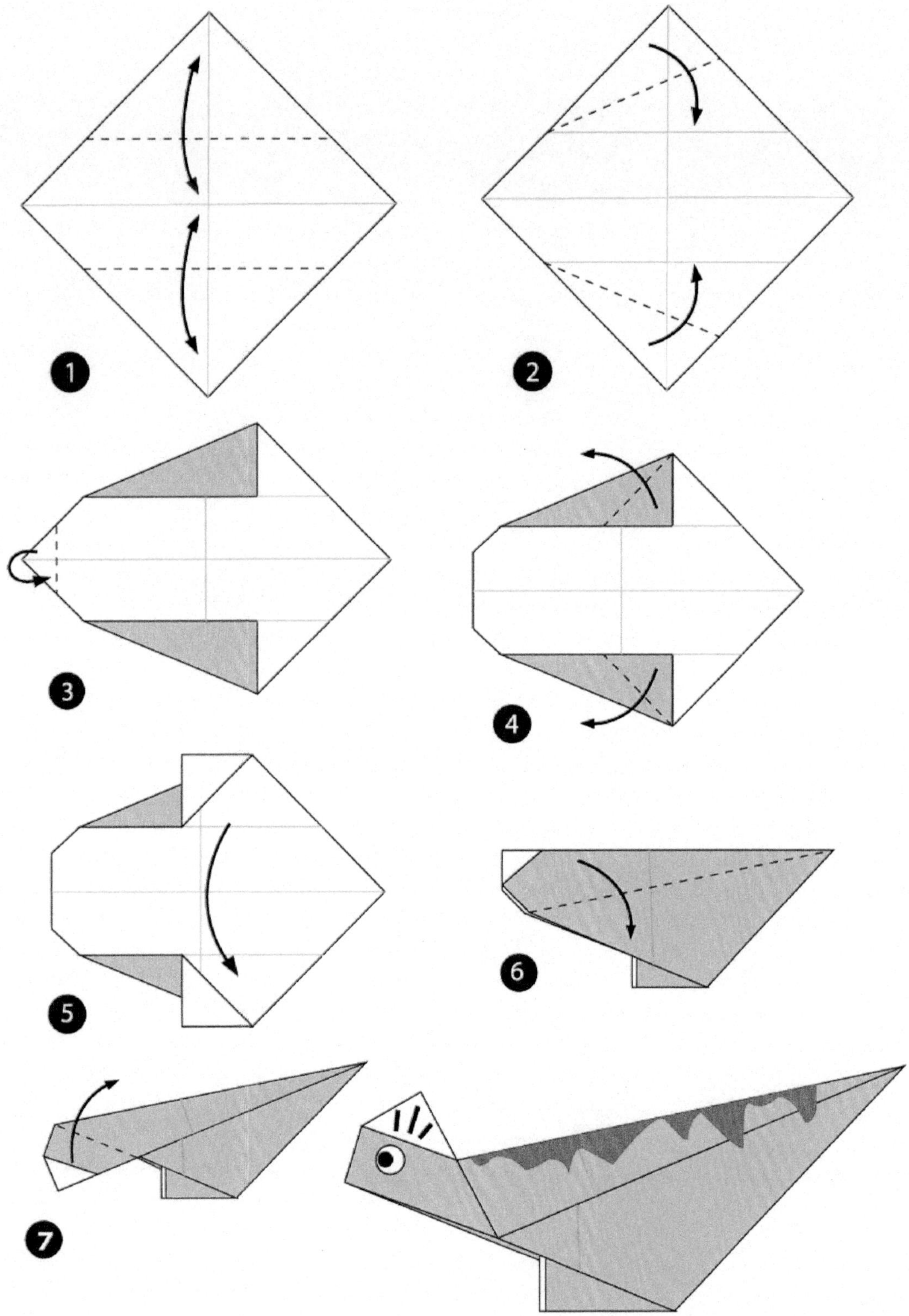
1
2
3
4
5
6
7

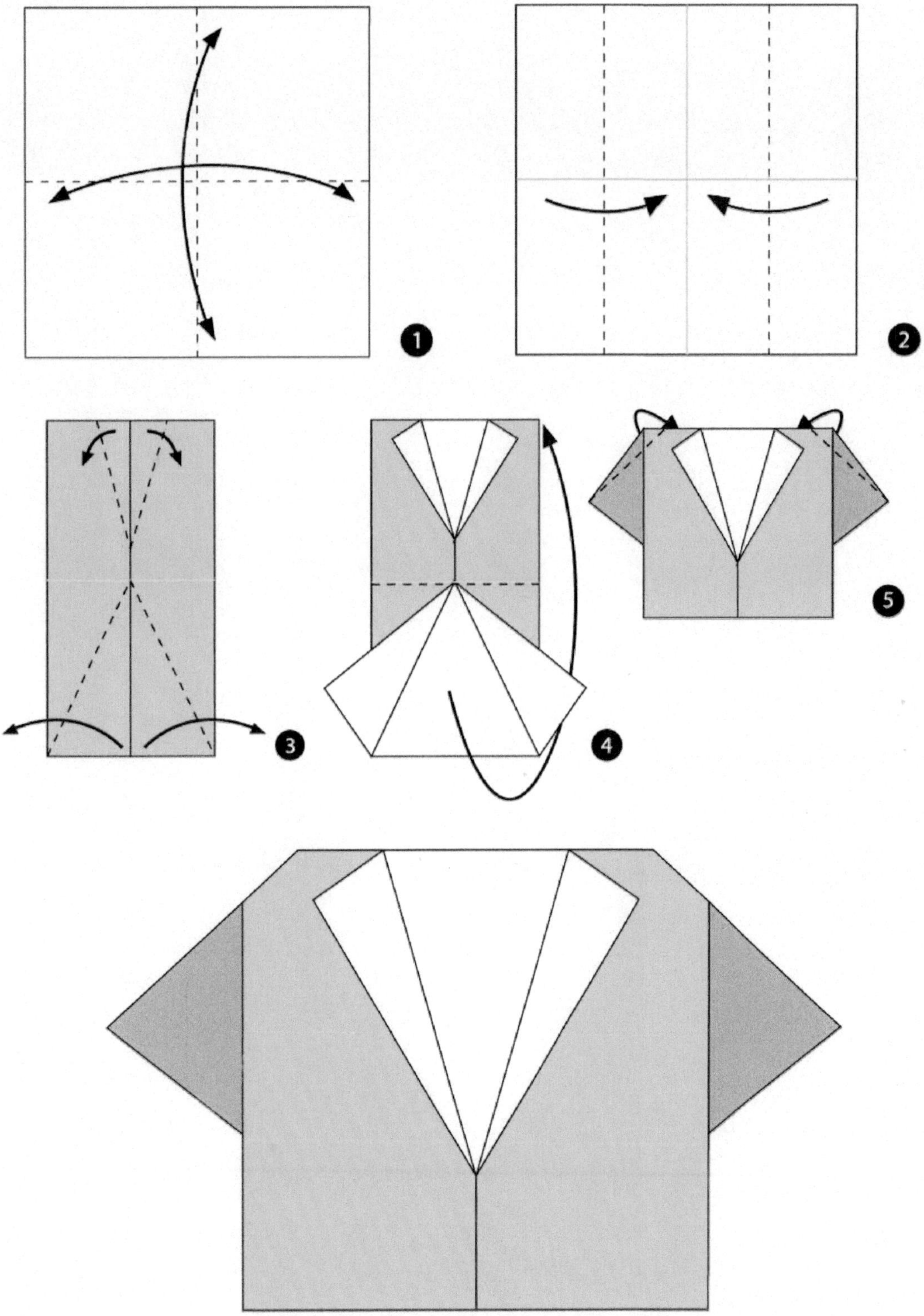
1
2
3
4
5

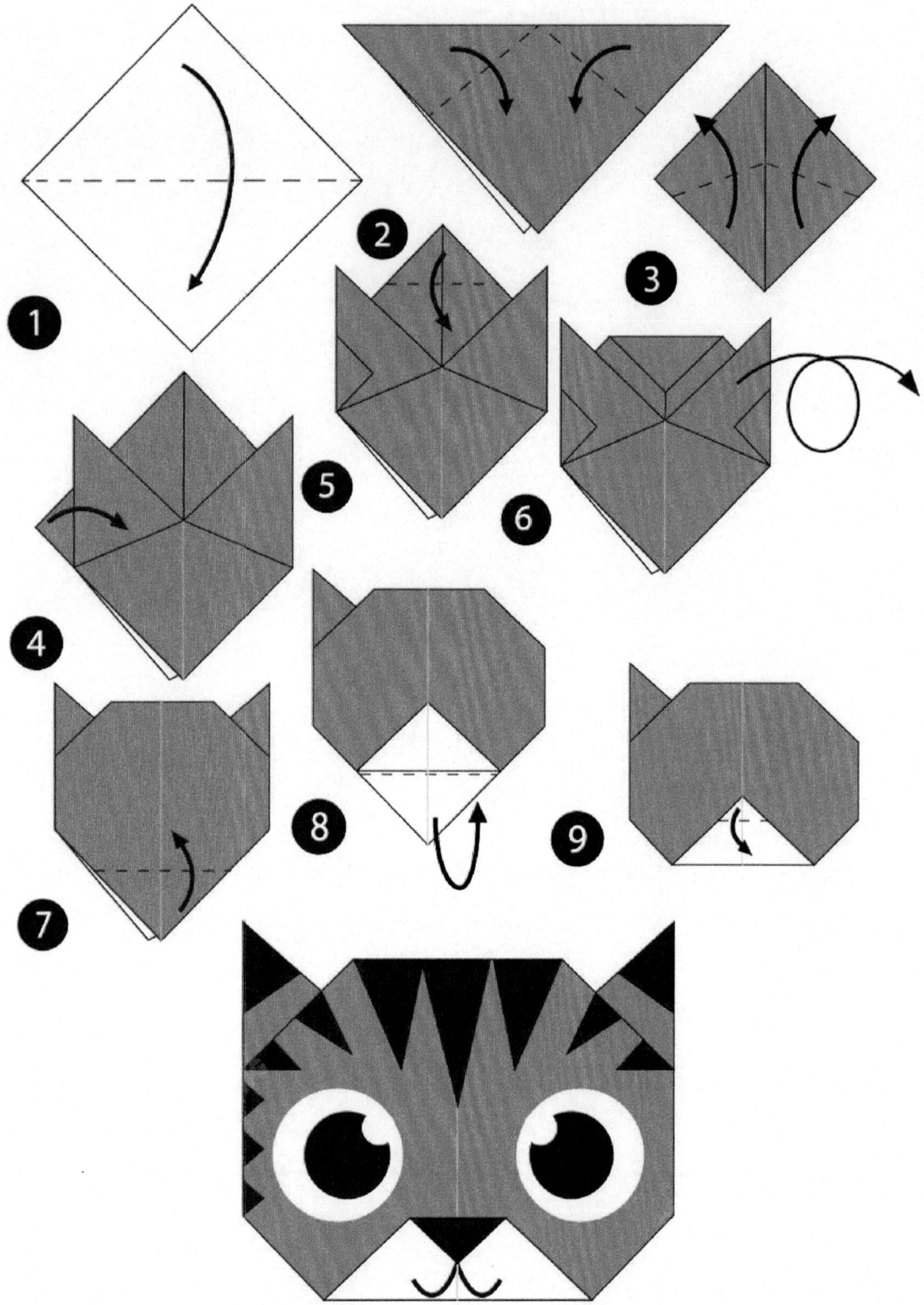
1
2
3
4
5
6
7
8
9

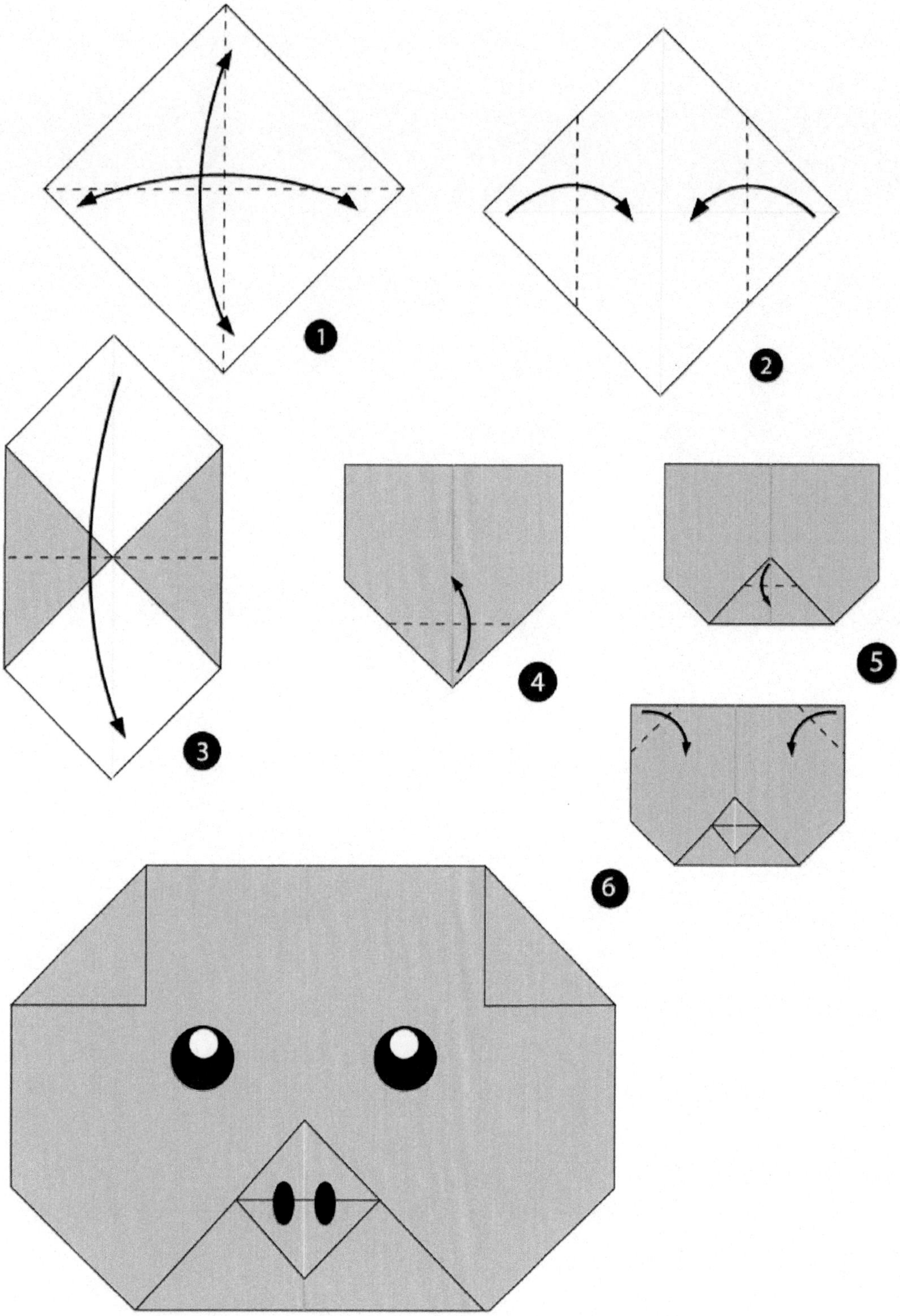
1
2
3
4
5
6

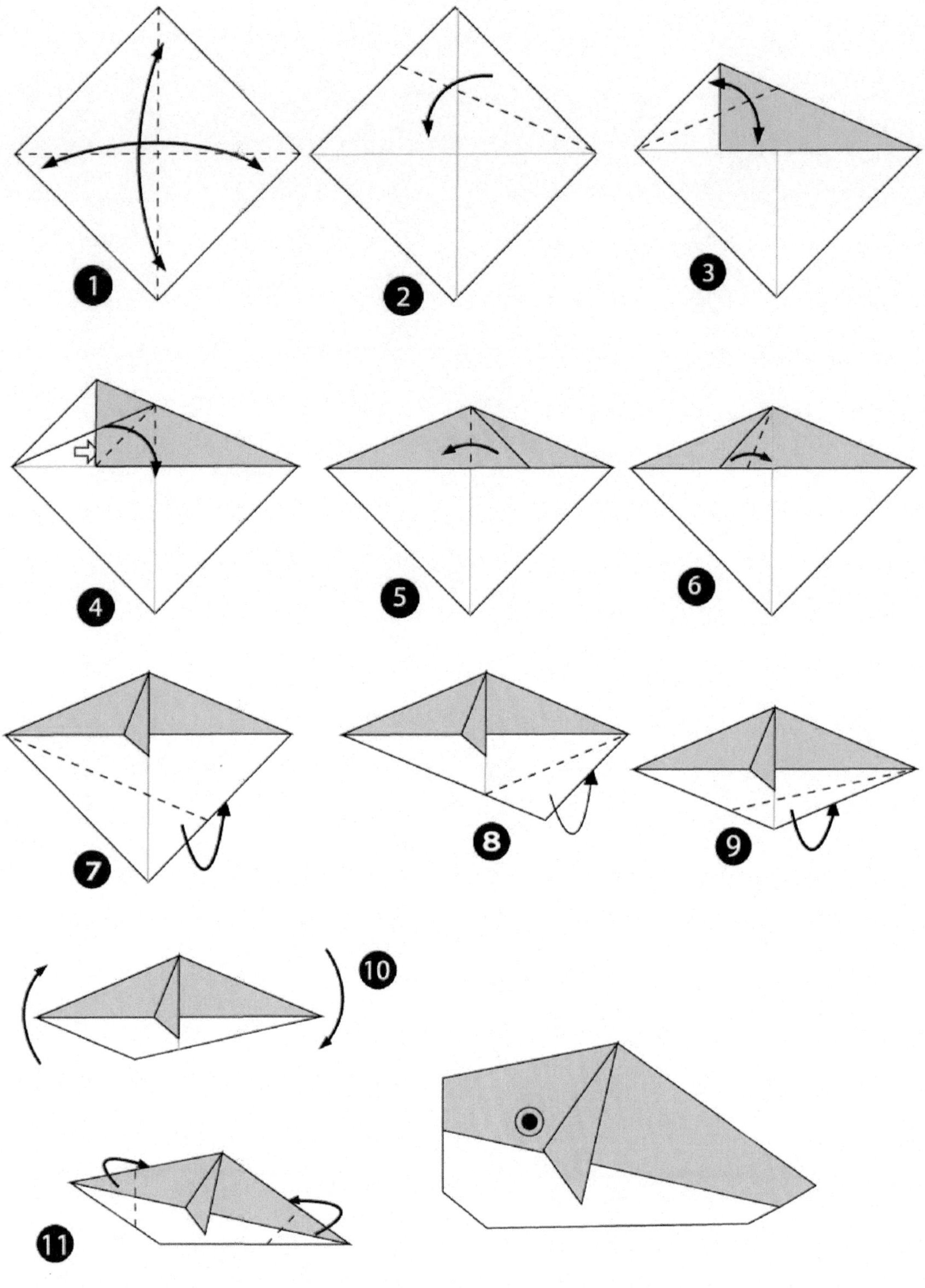
1
2
3
4
5
6
7
8
9
10
11

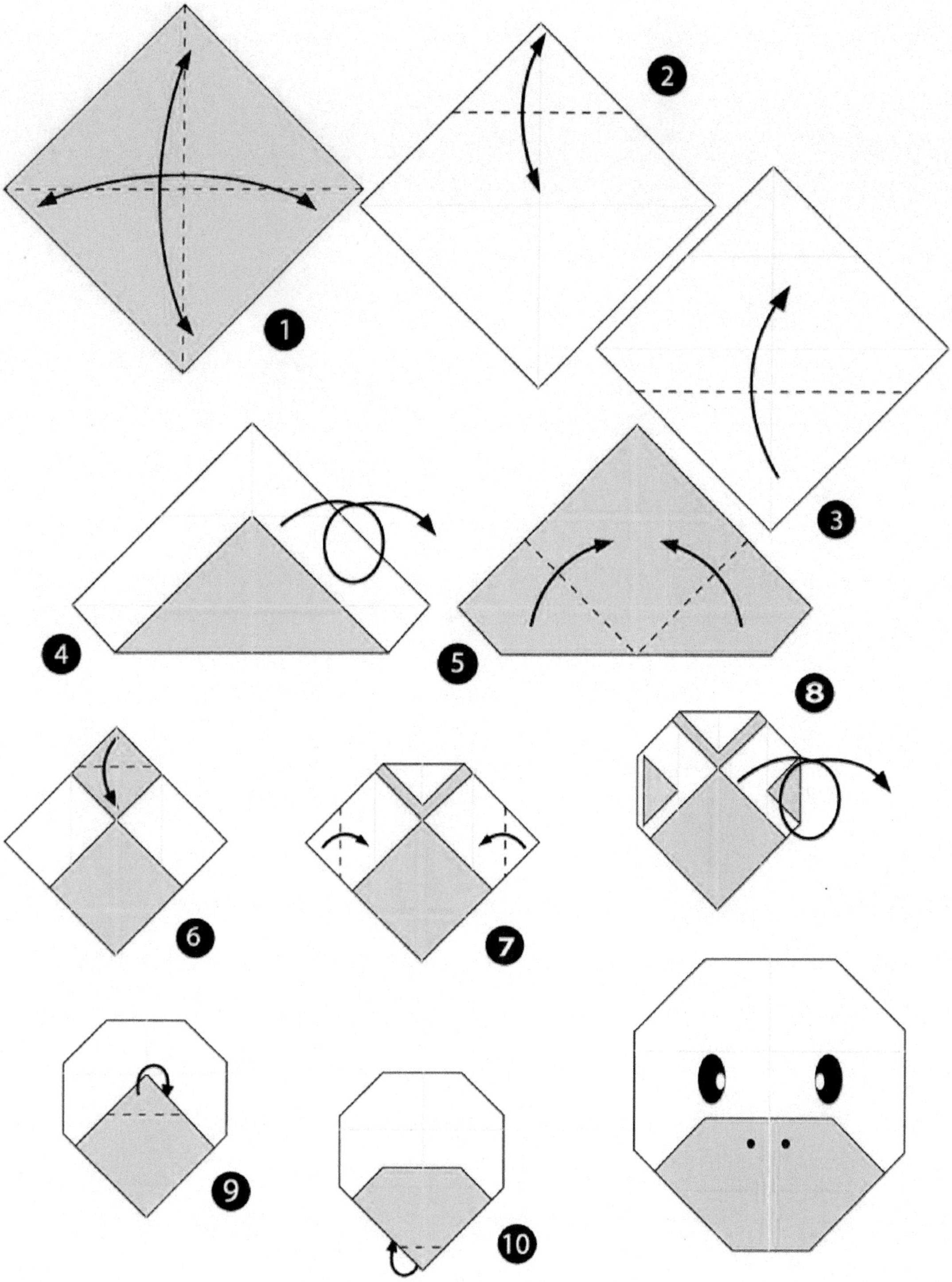
1
2
3
4
5
6
7
8
9
10

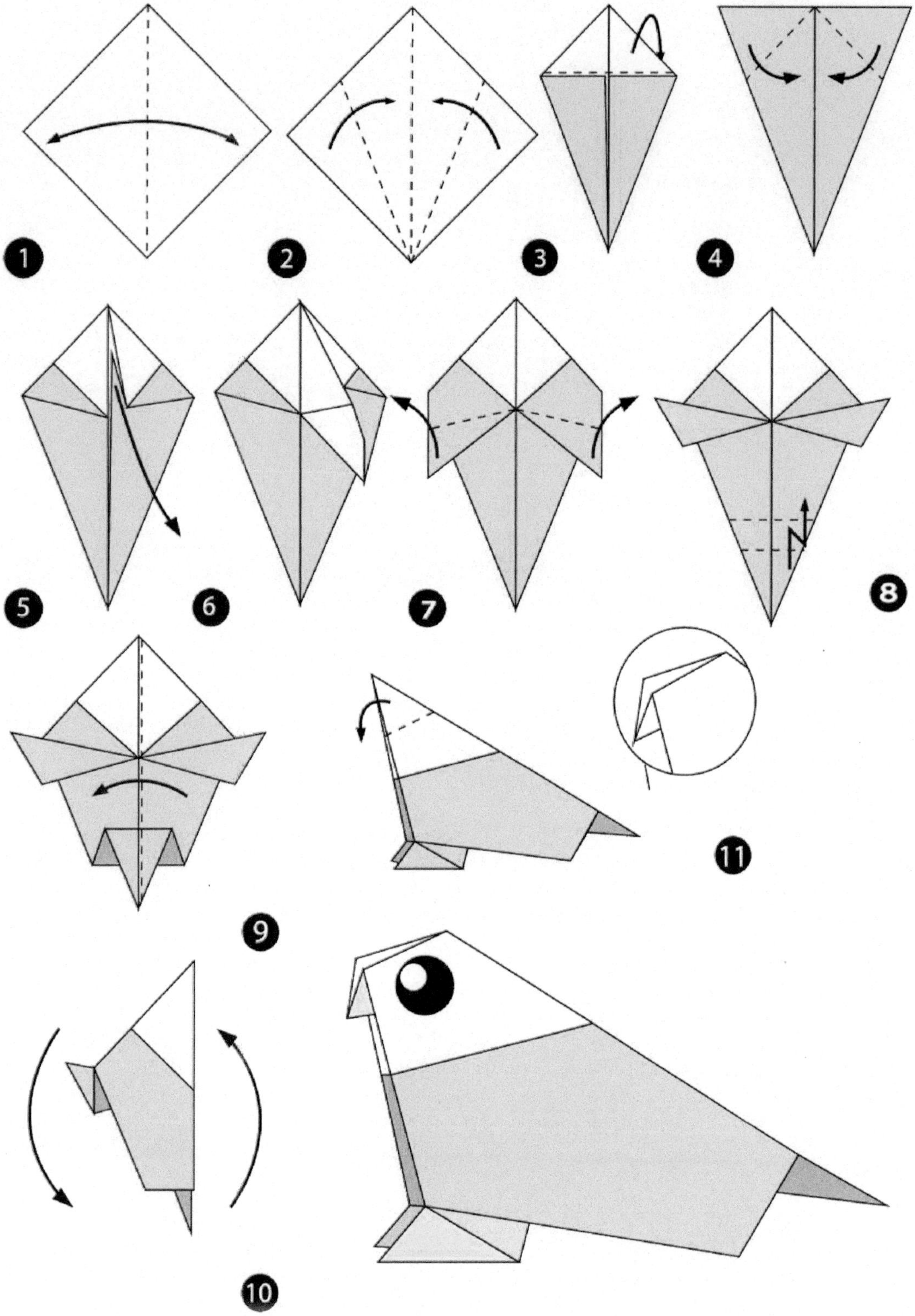
1
2
3
4
5
6
7
8
9
11
10

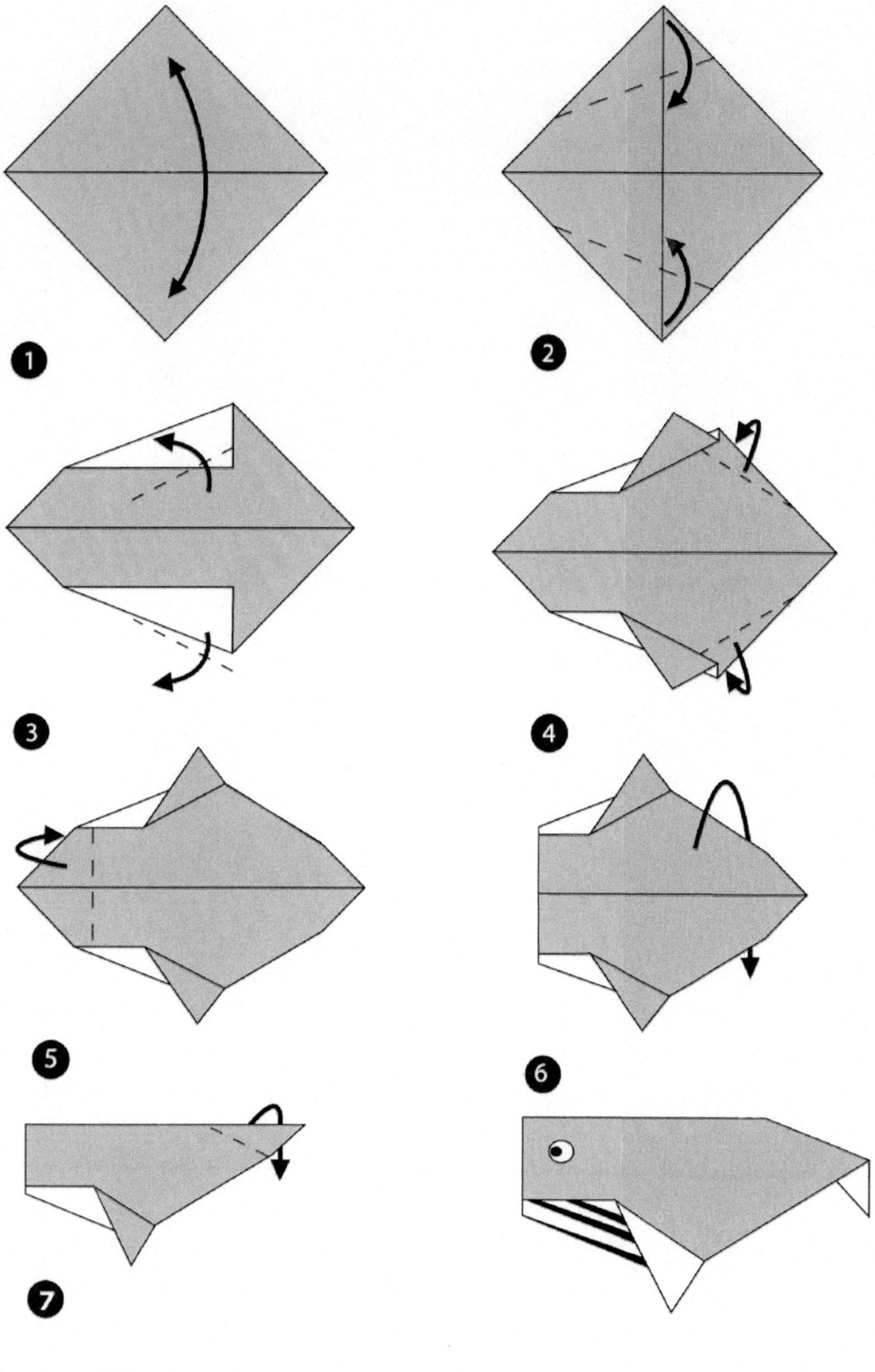
1
2
3
4
5
6
7

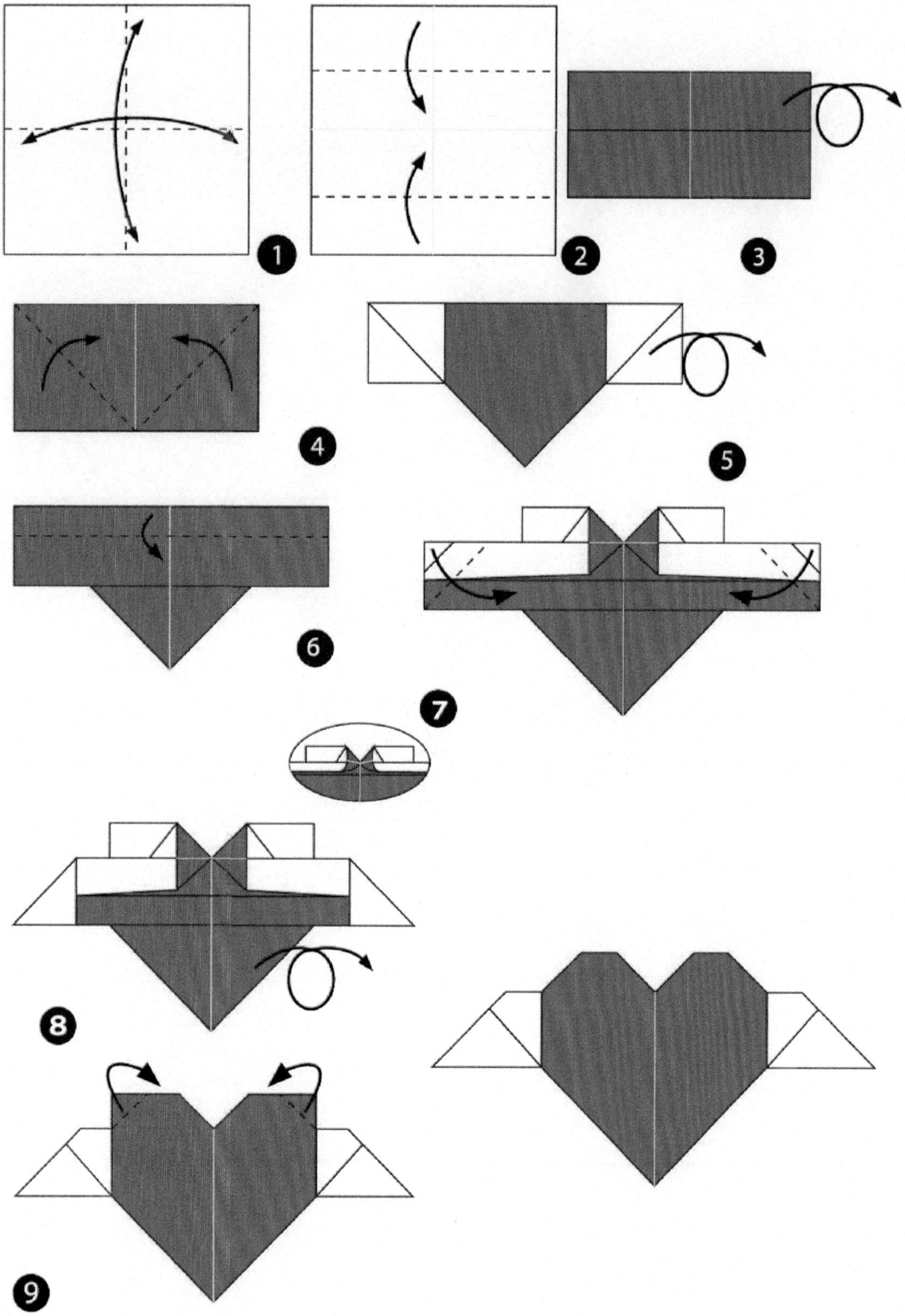
1
2
3
4
5
6
7
8
9

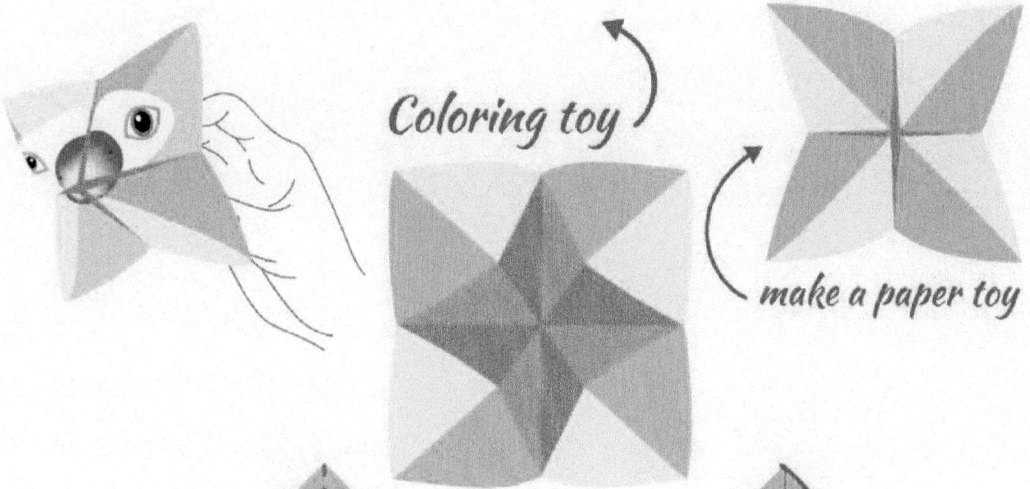
Coloring toy
make a paper toy

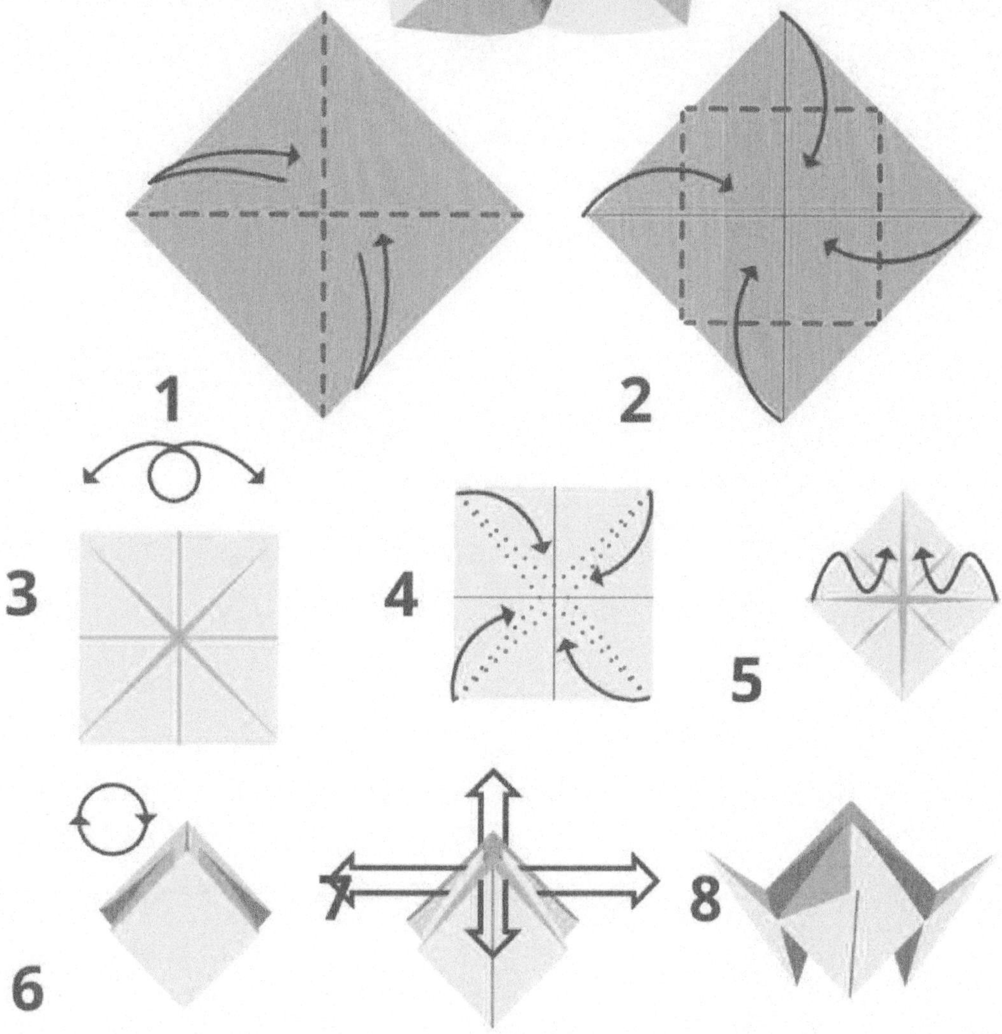
1
2
3
4
5
6
7
8

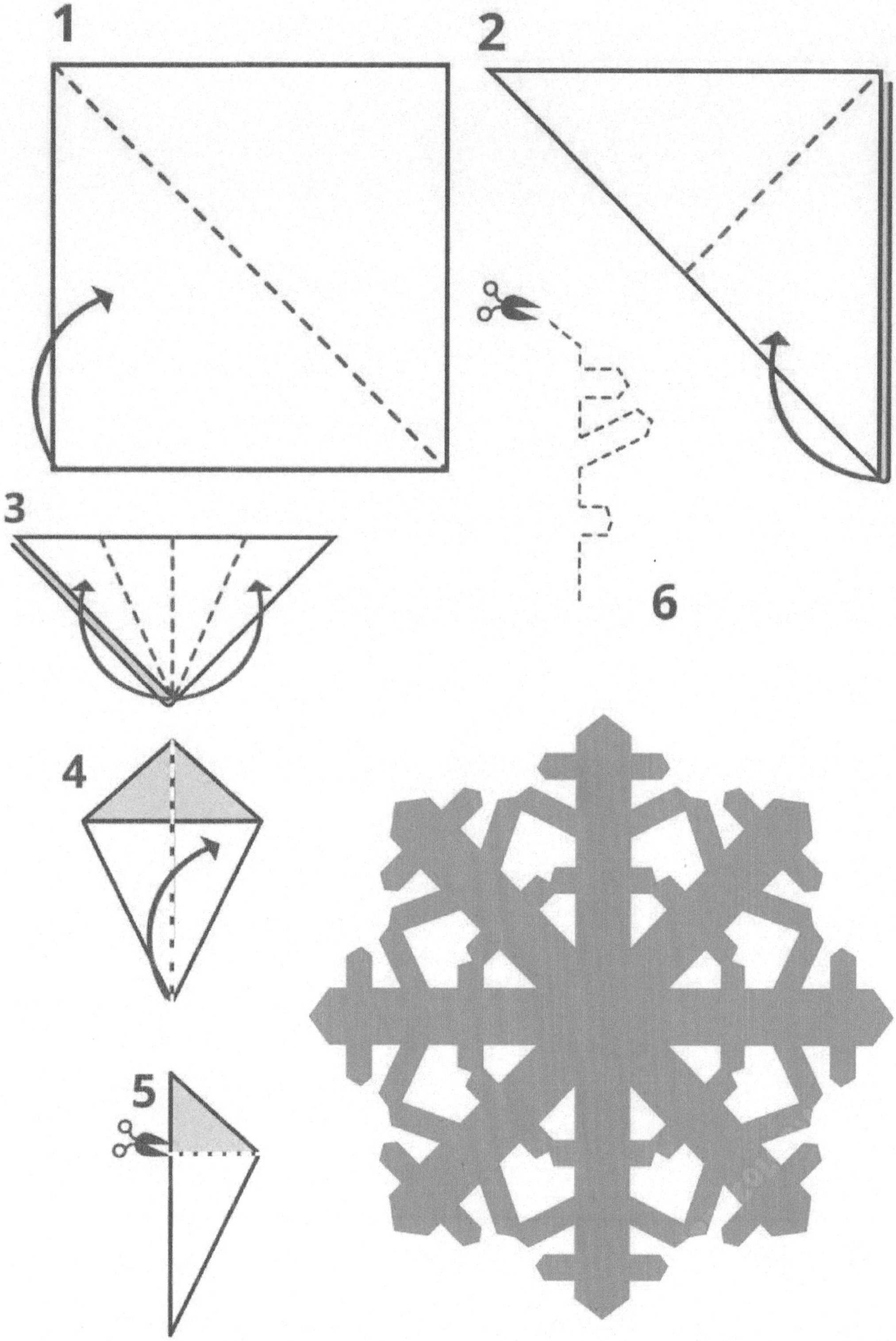
1
2
3
4
5
6

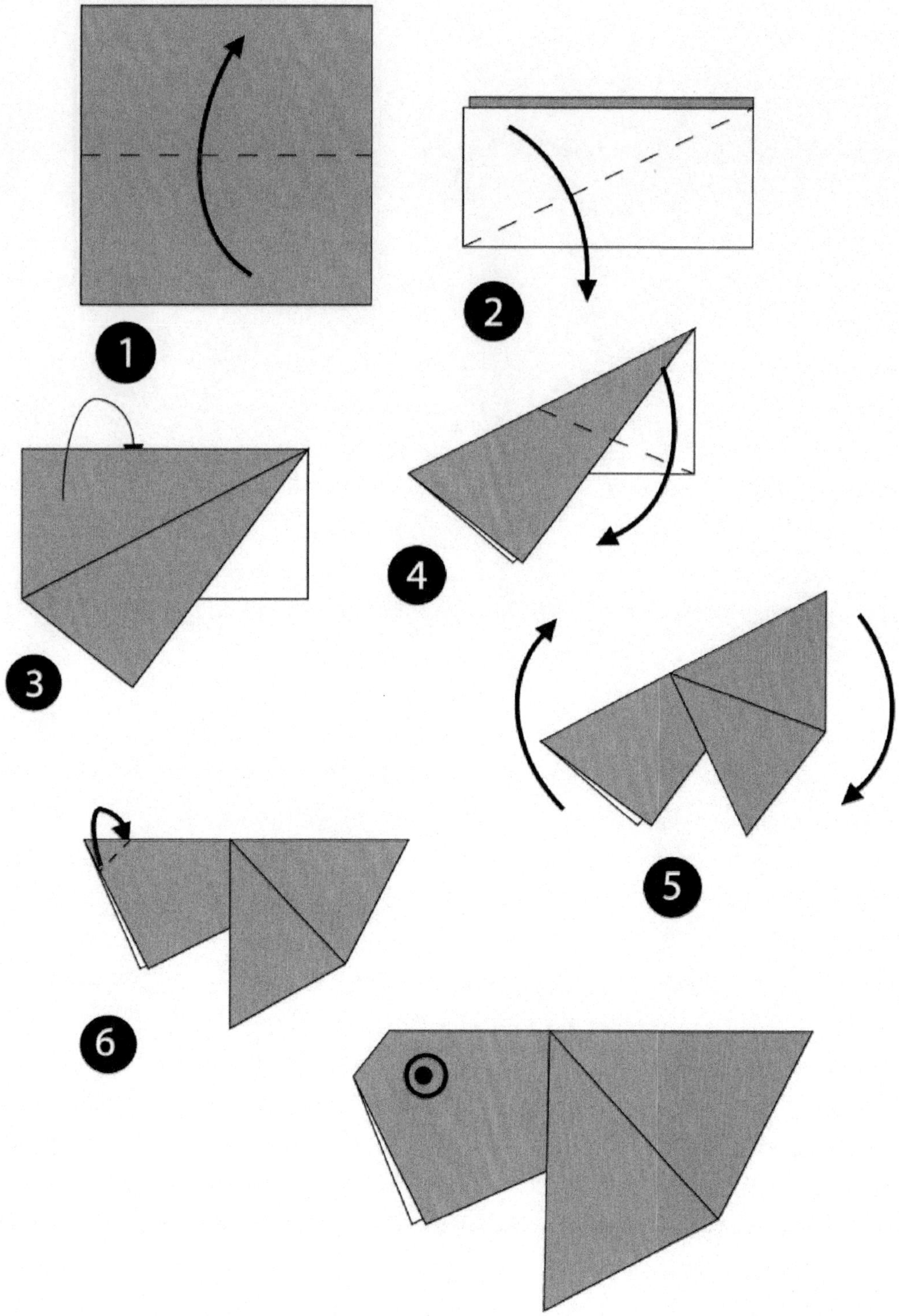
1
2
3
4
5
6

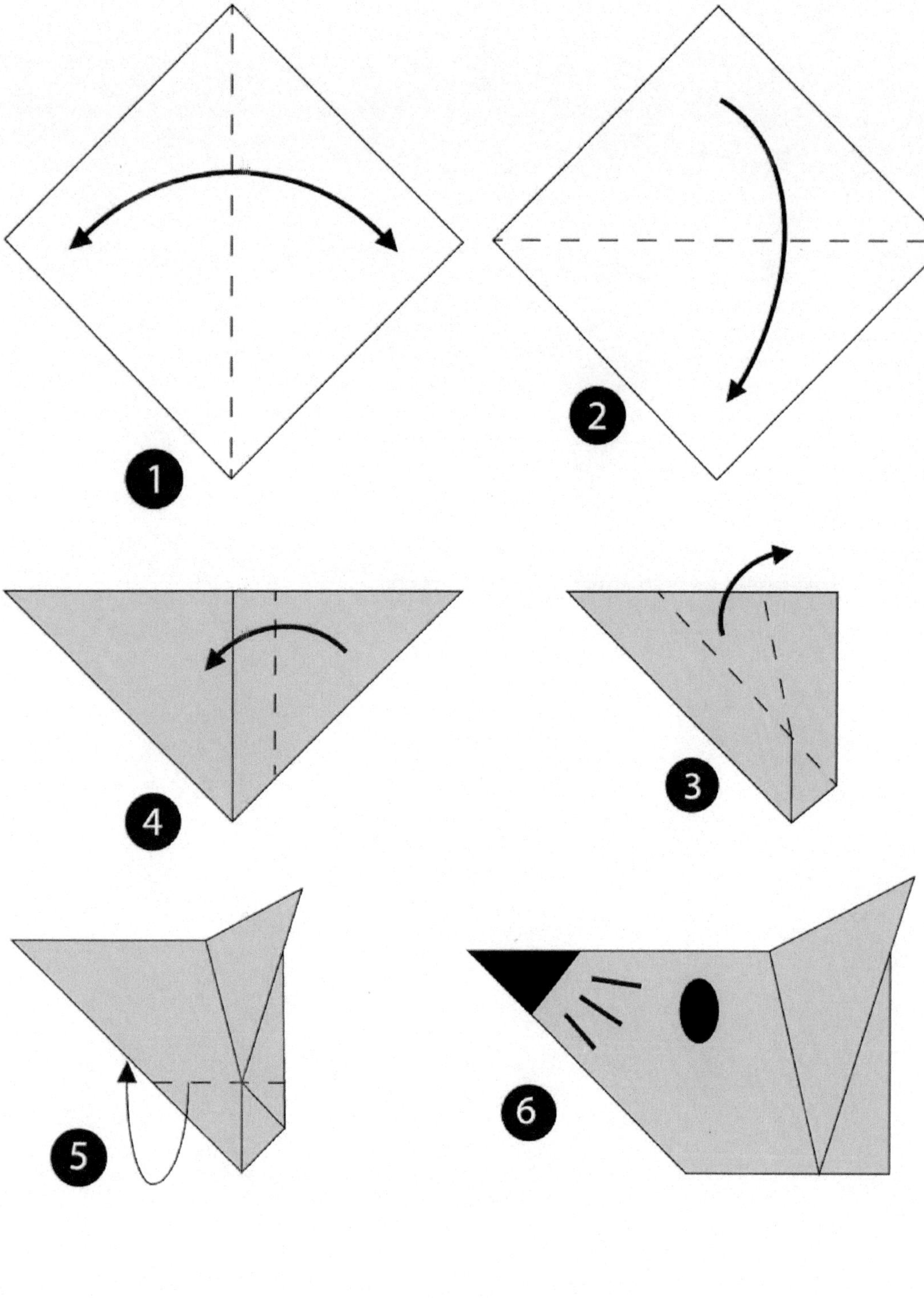
1
2
4
3
5
6

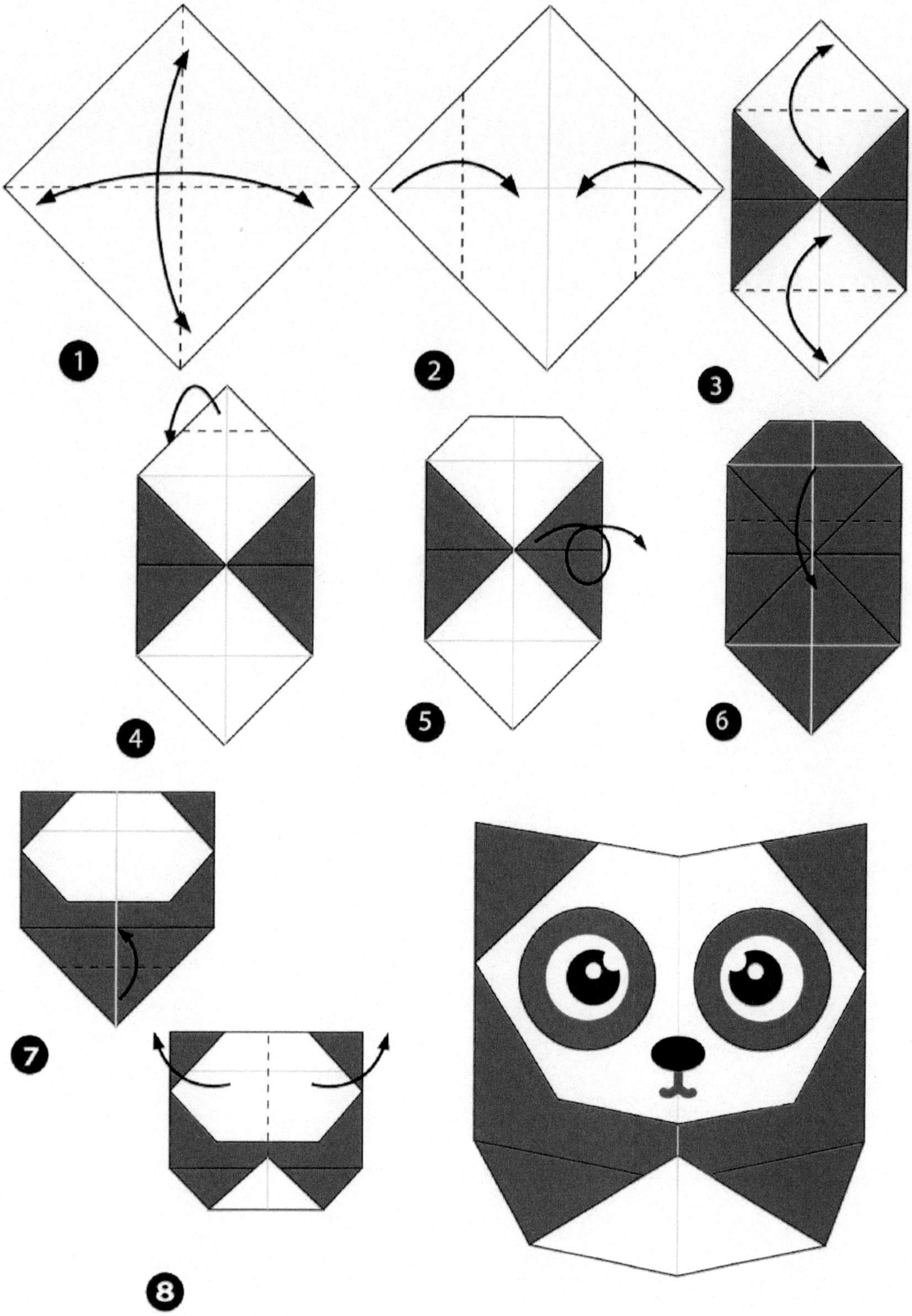
1
2
3
4
5
6
7
8

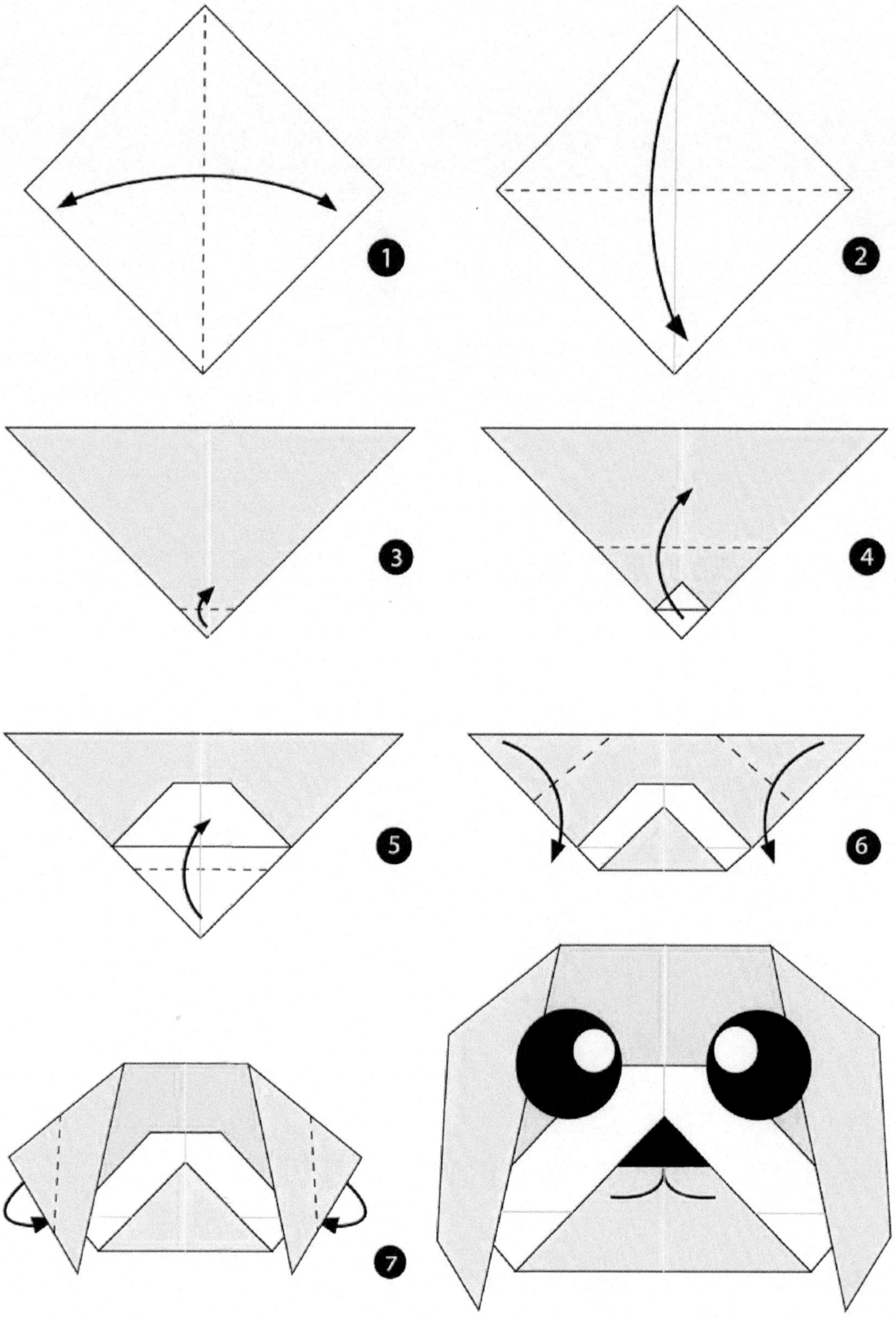
1
2
3
4
5
6
7

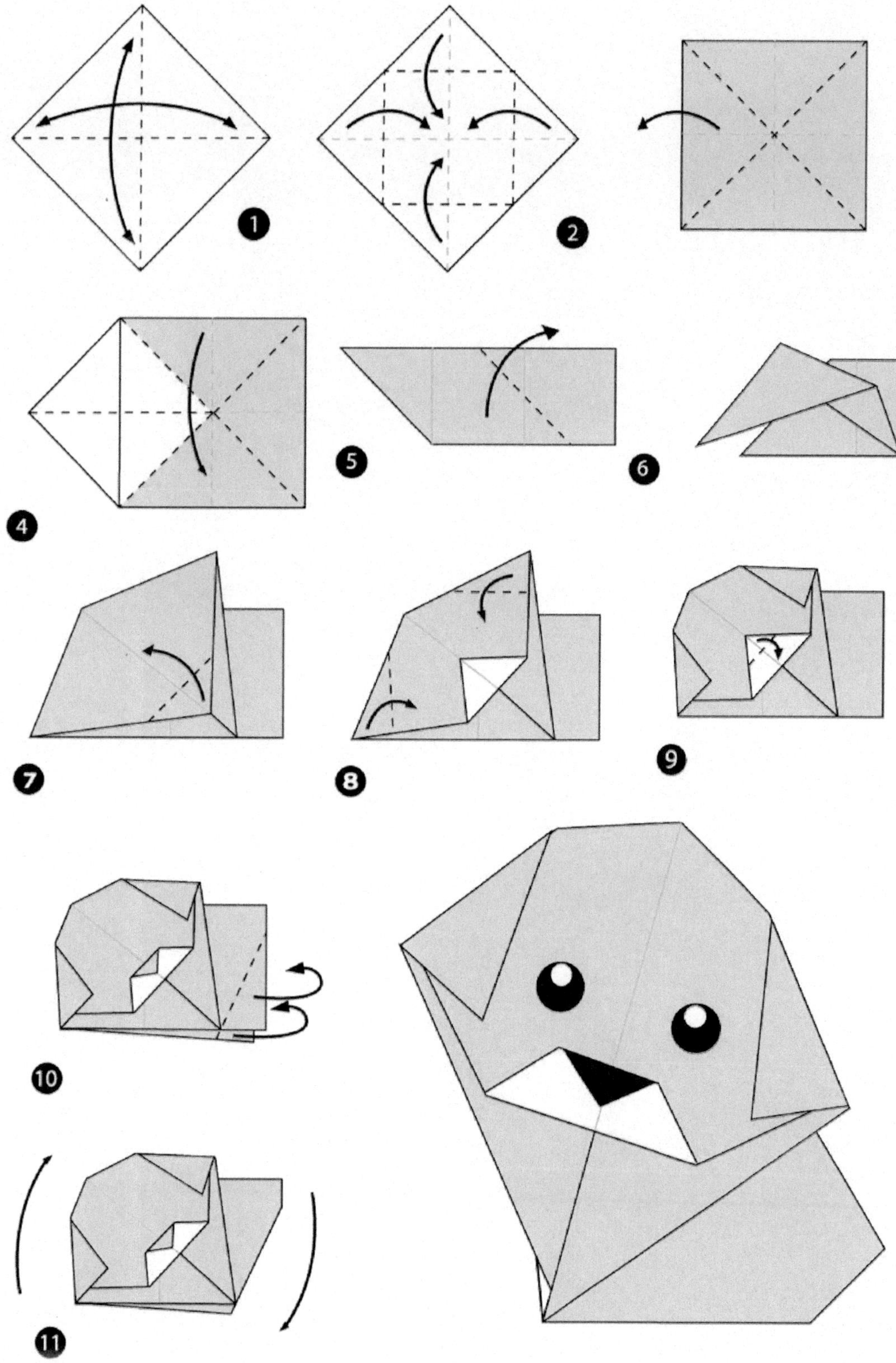
1
2
3
4
5
6
7
8
9
10
11

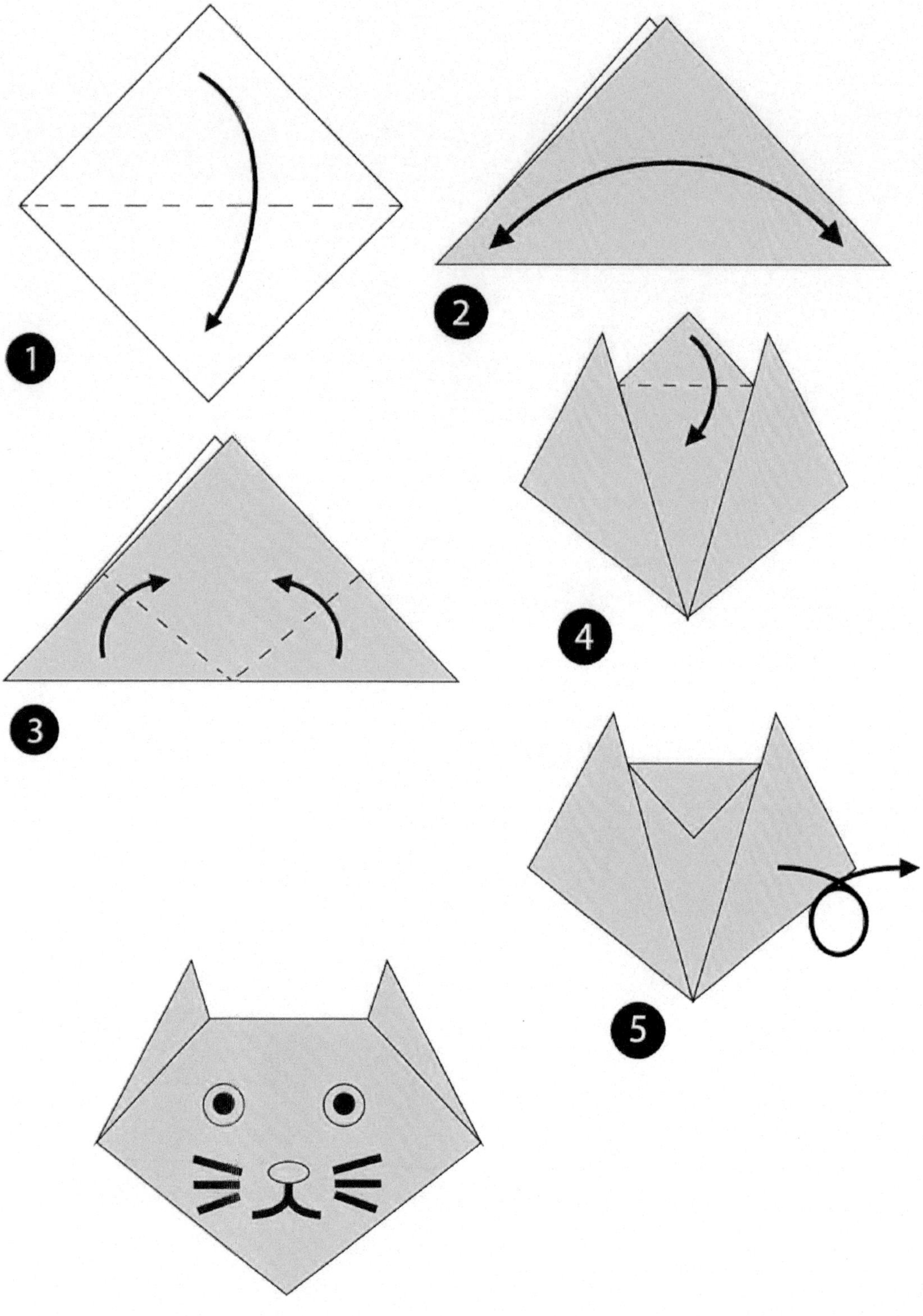
1
2
3
4
5

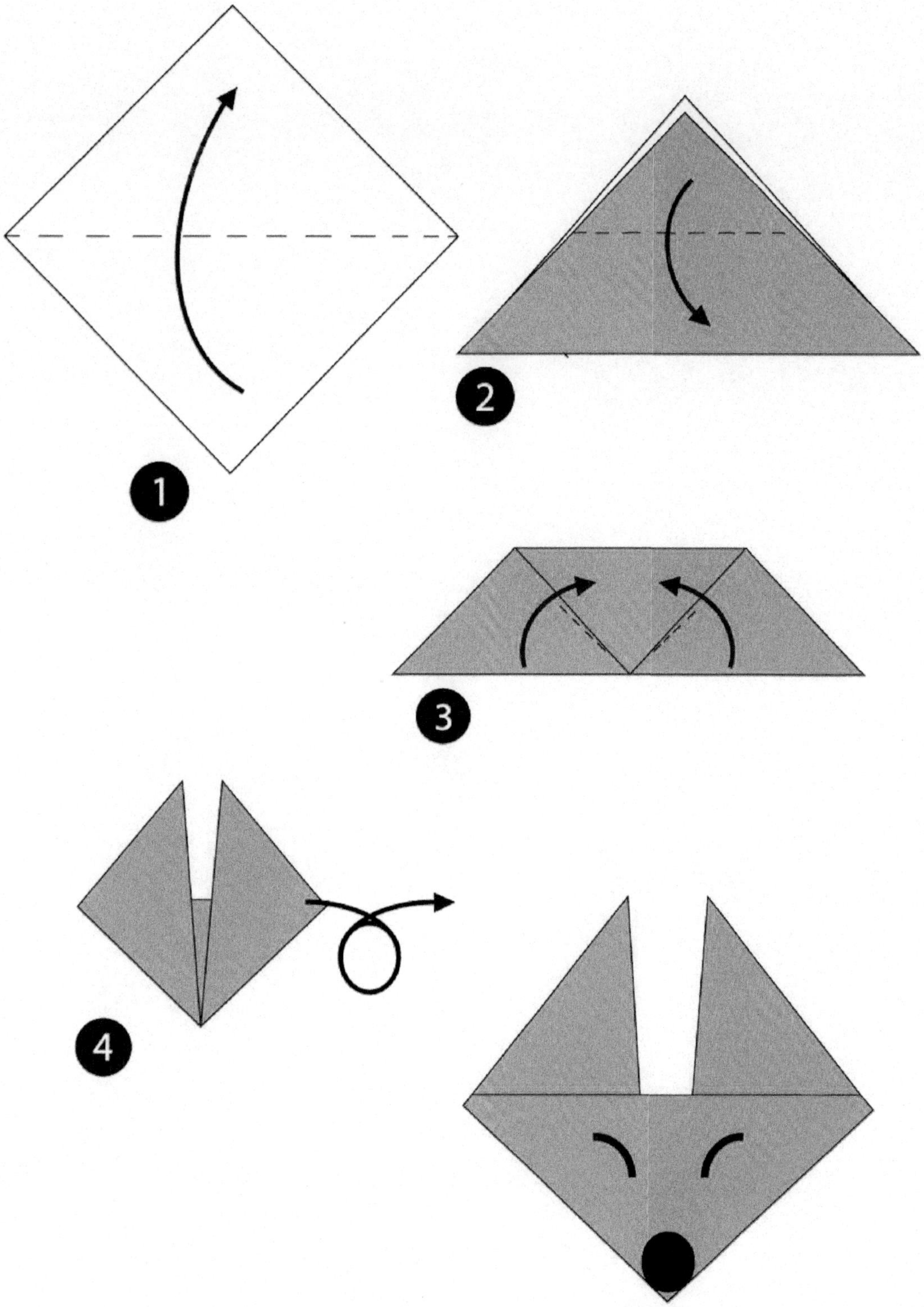
1
2
3
4

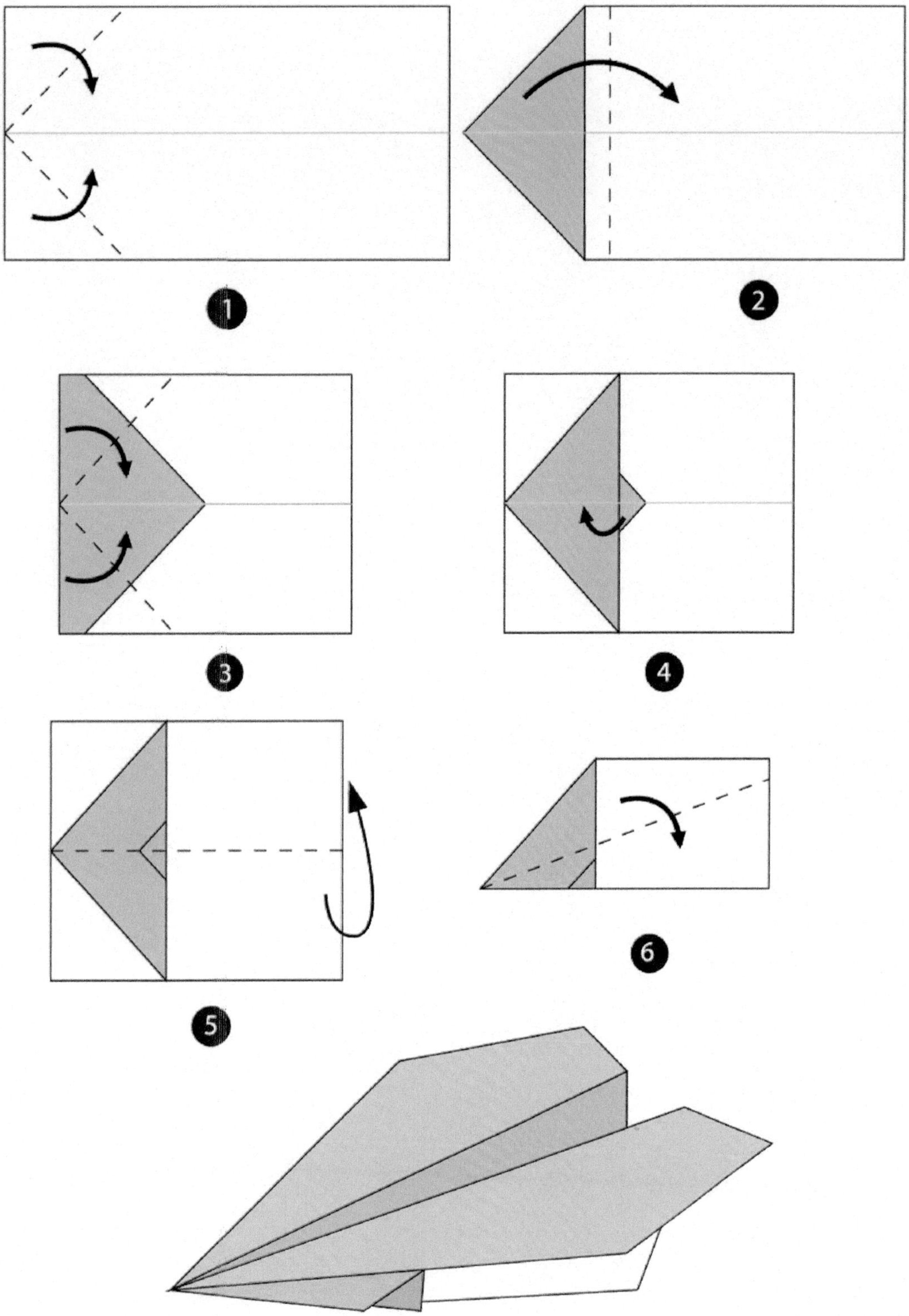
1
2
3
4
5
6

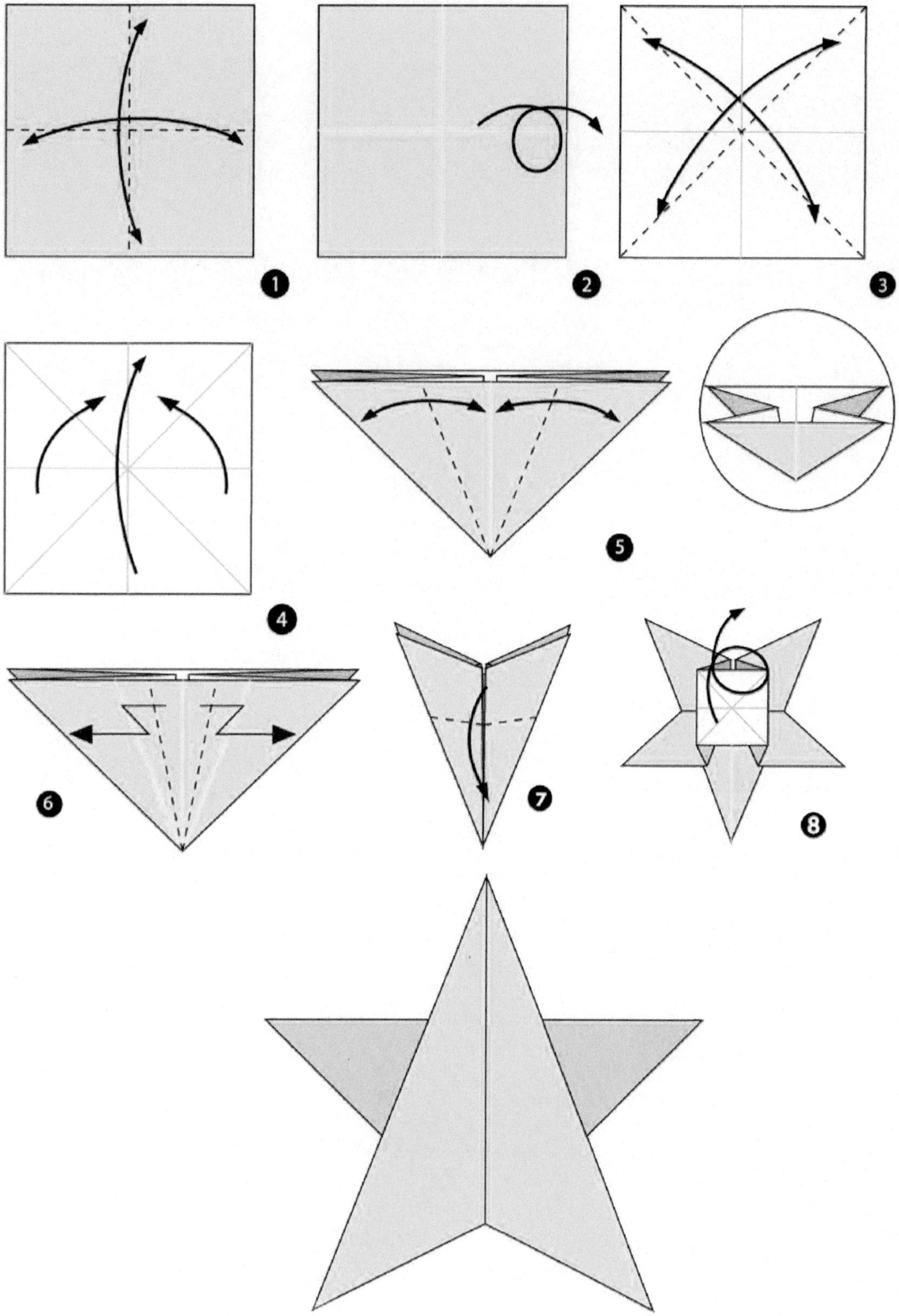

1
2
3
4
5
6
7
8

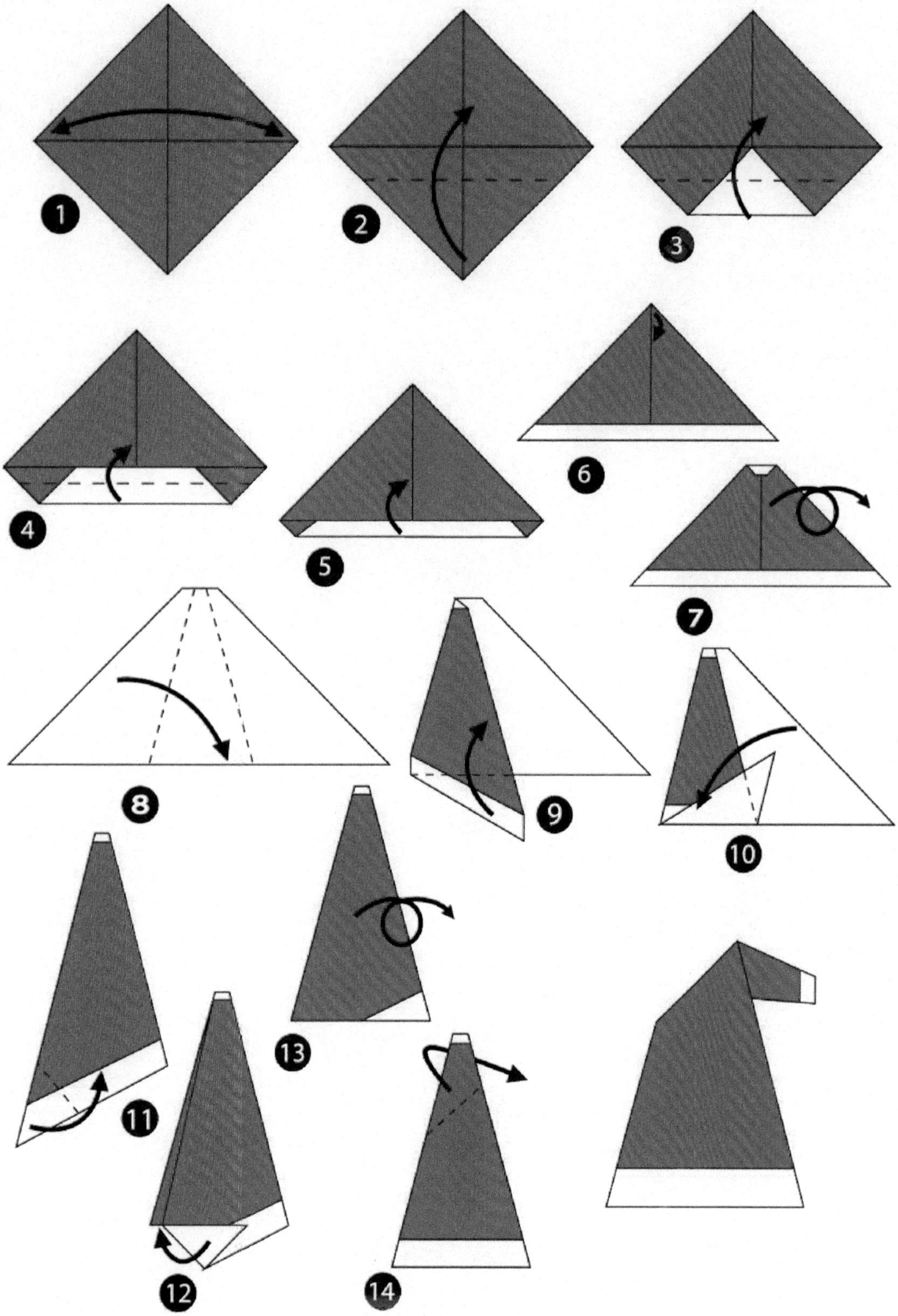
1
2
3
4
5
6
7
8
9
10
11
12
13
14

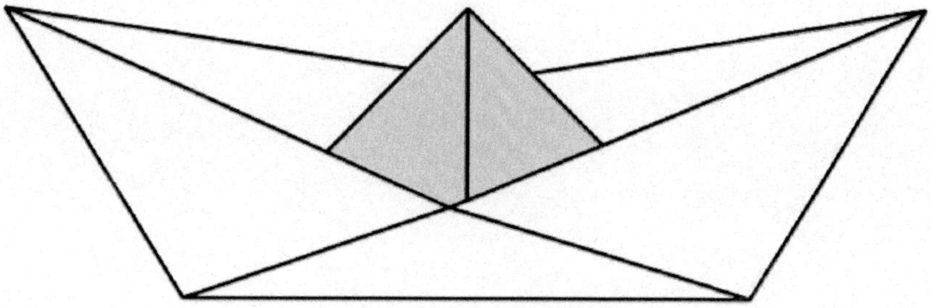

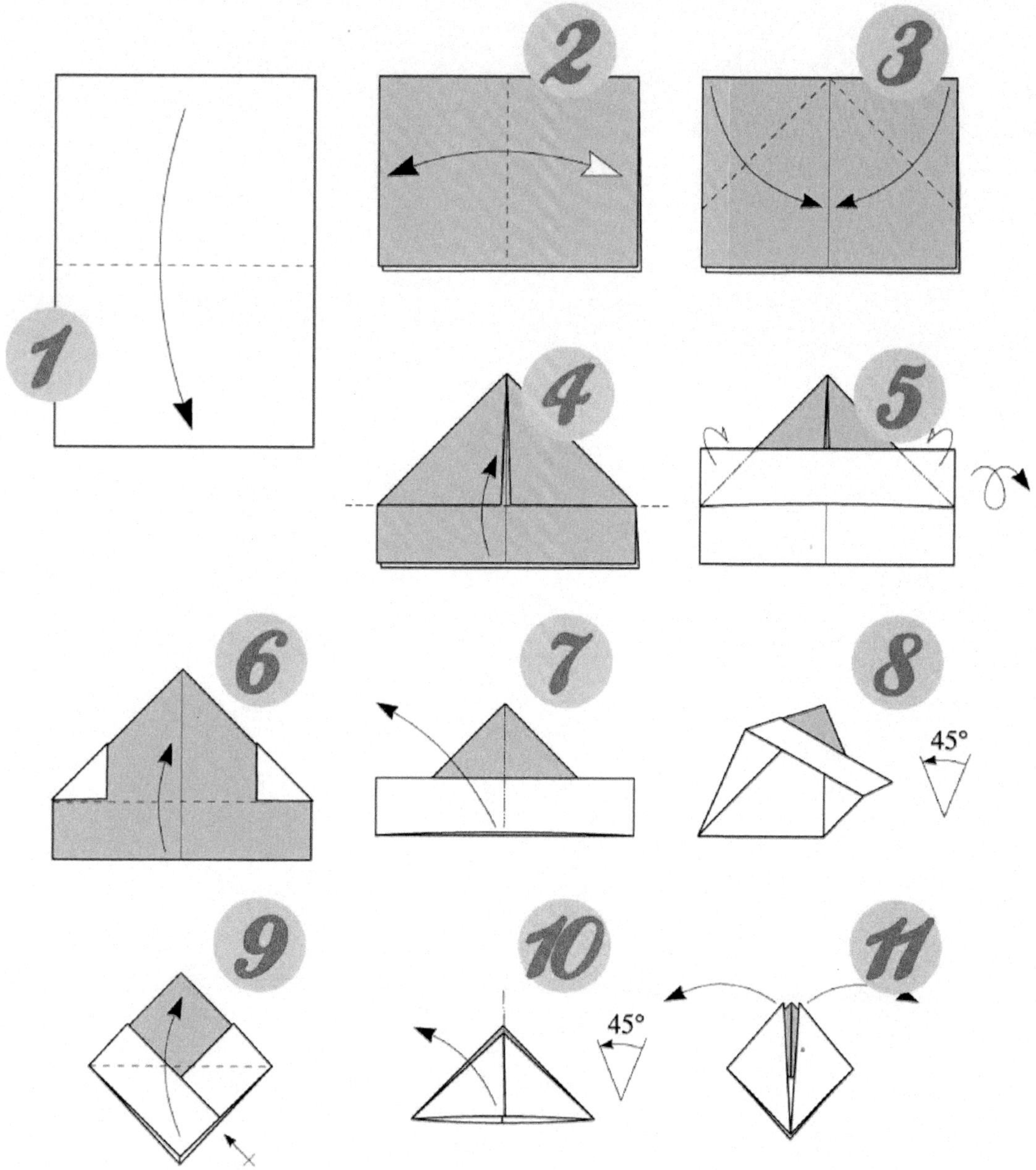
1
2
3
4
5
6
7
8
45°
9
10
45°
11

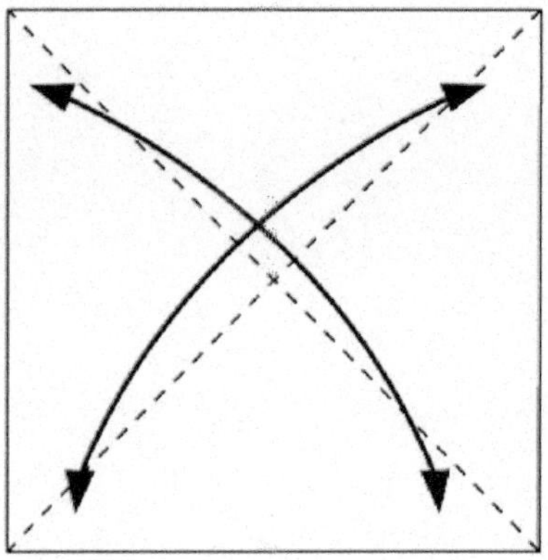

1

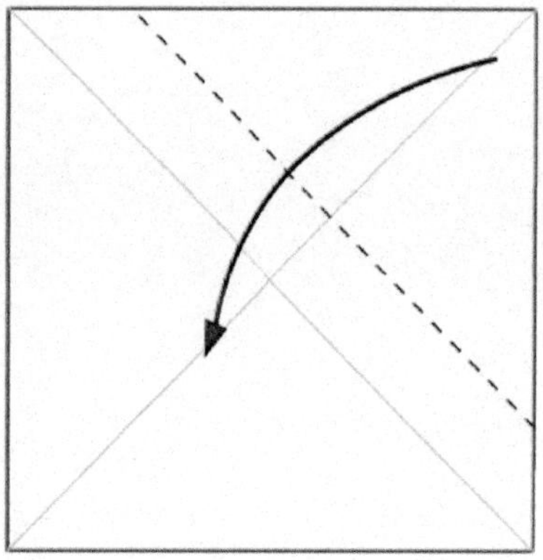

2

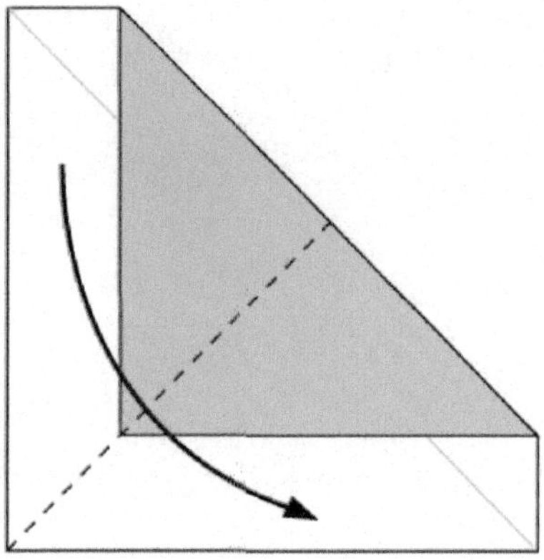

3

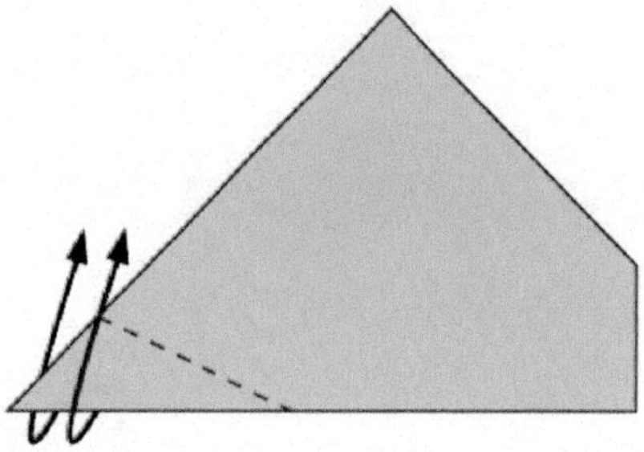

4

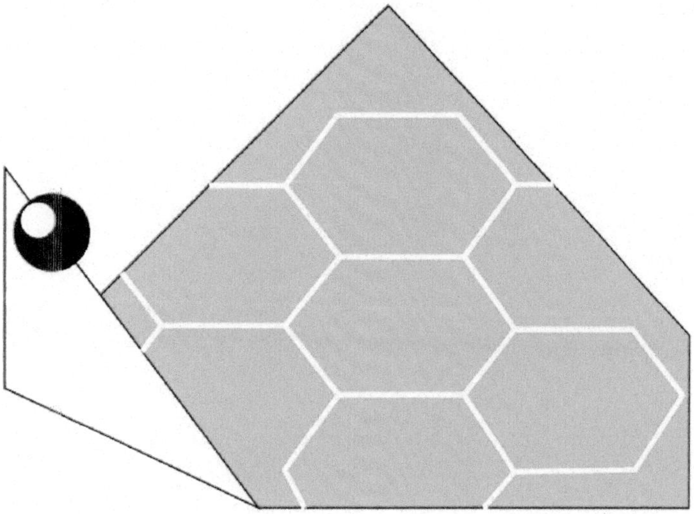

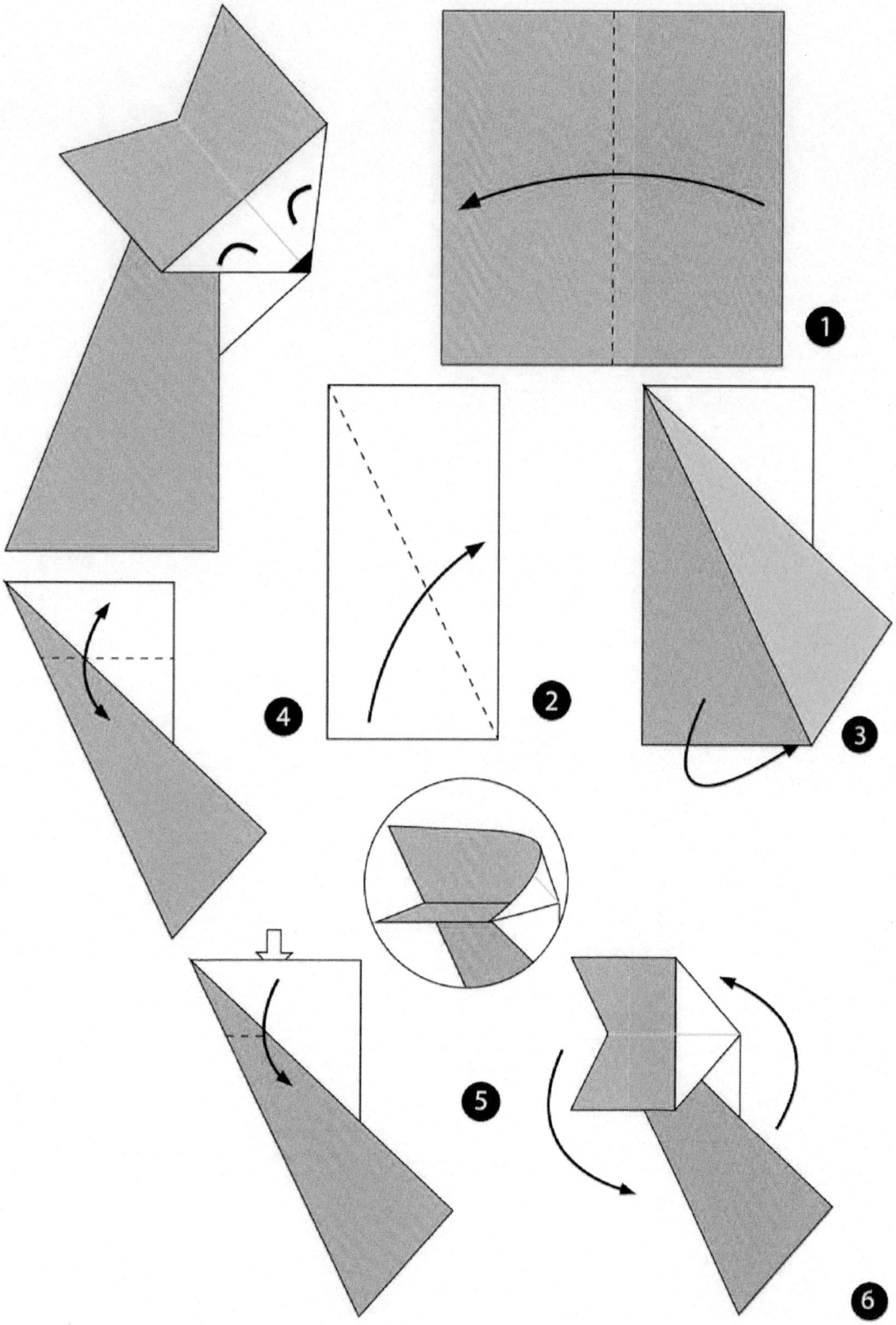
1
2
3
4
5
6

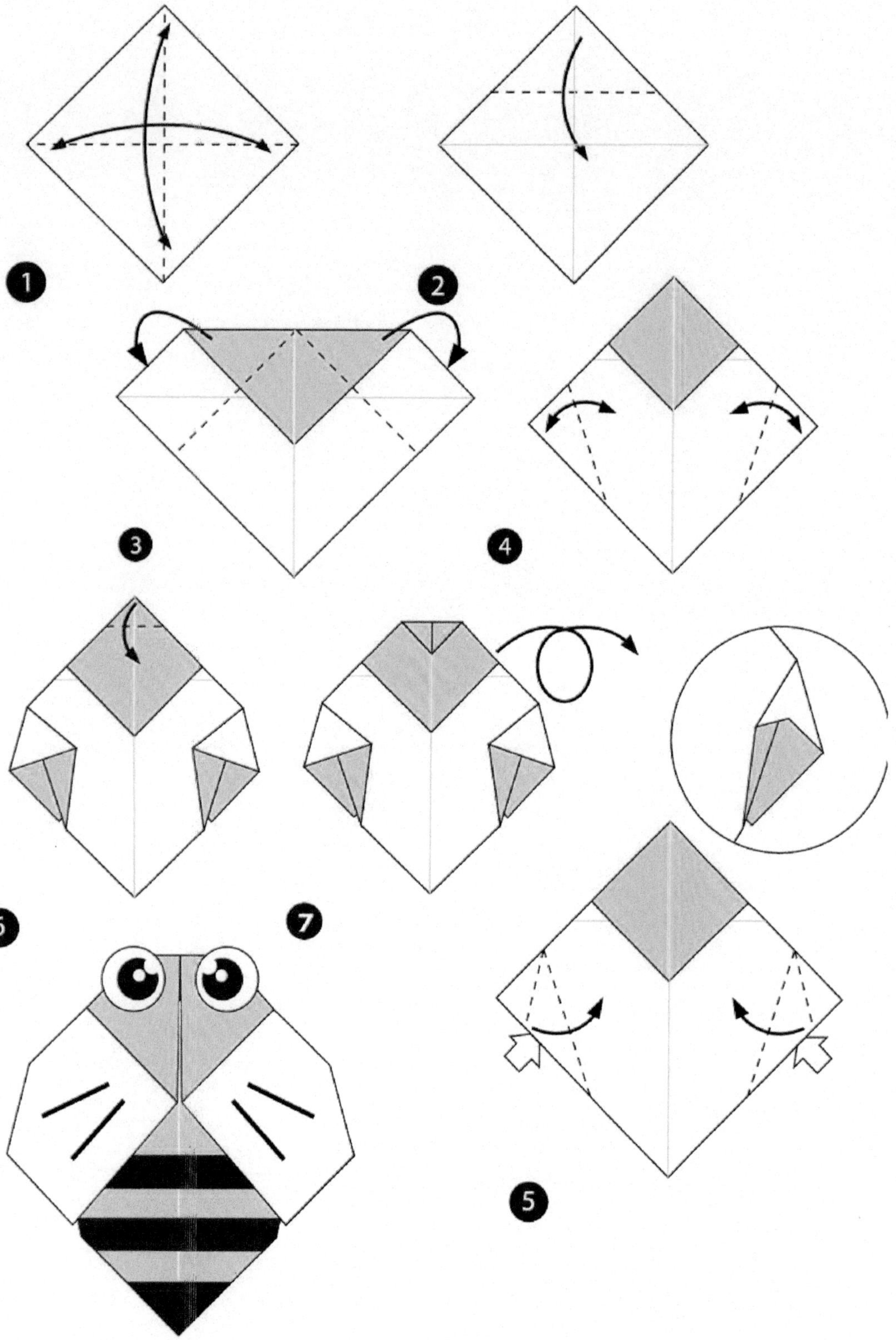
1
2
3
4
5
6
7

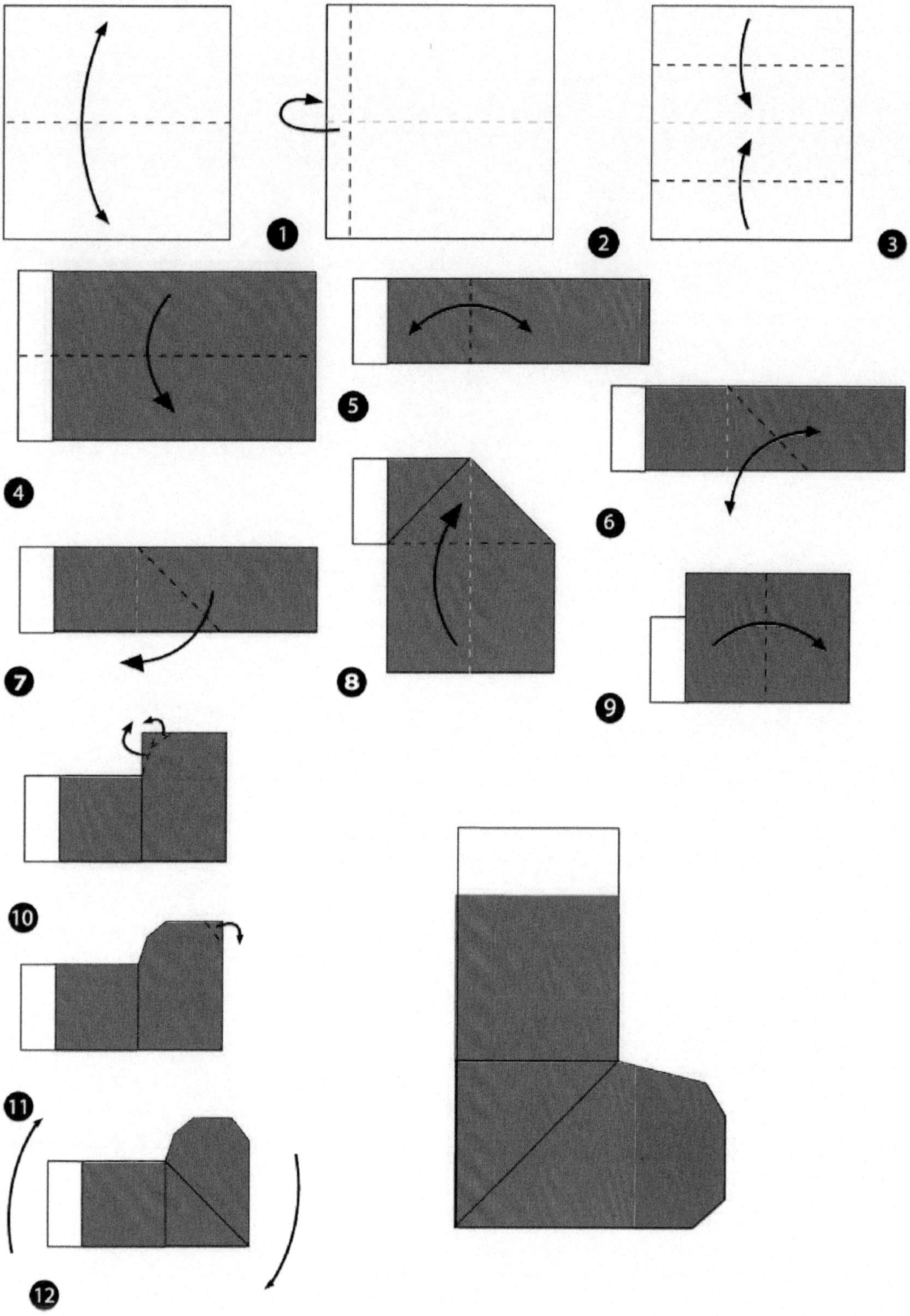
1
2
3
4
5
6
7
8
9
10
11
12

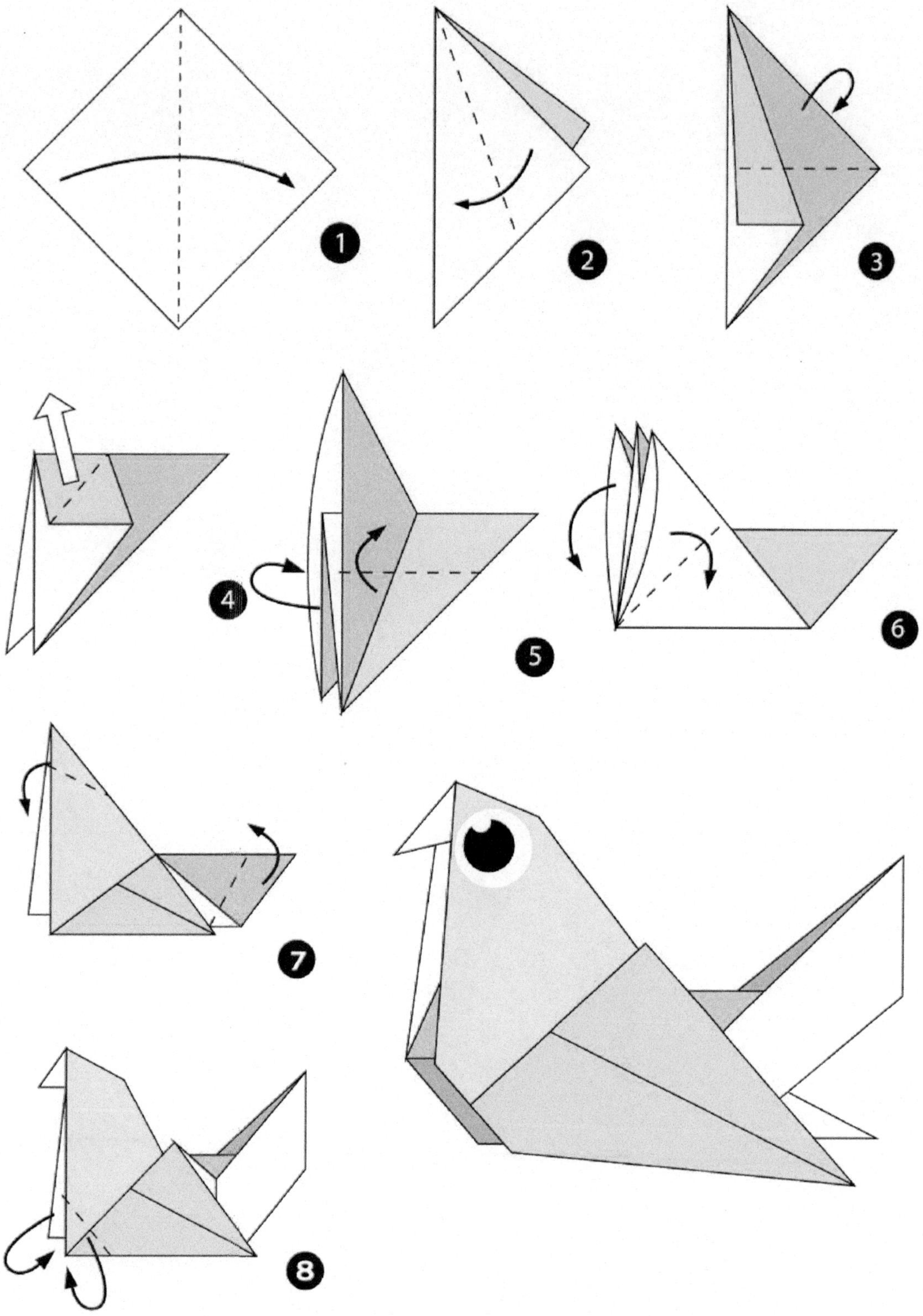
1
2
3
4
5
6
7
8

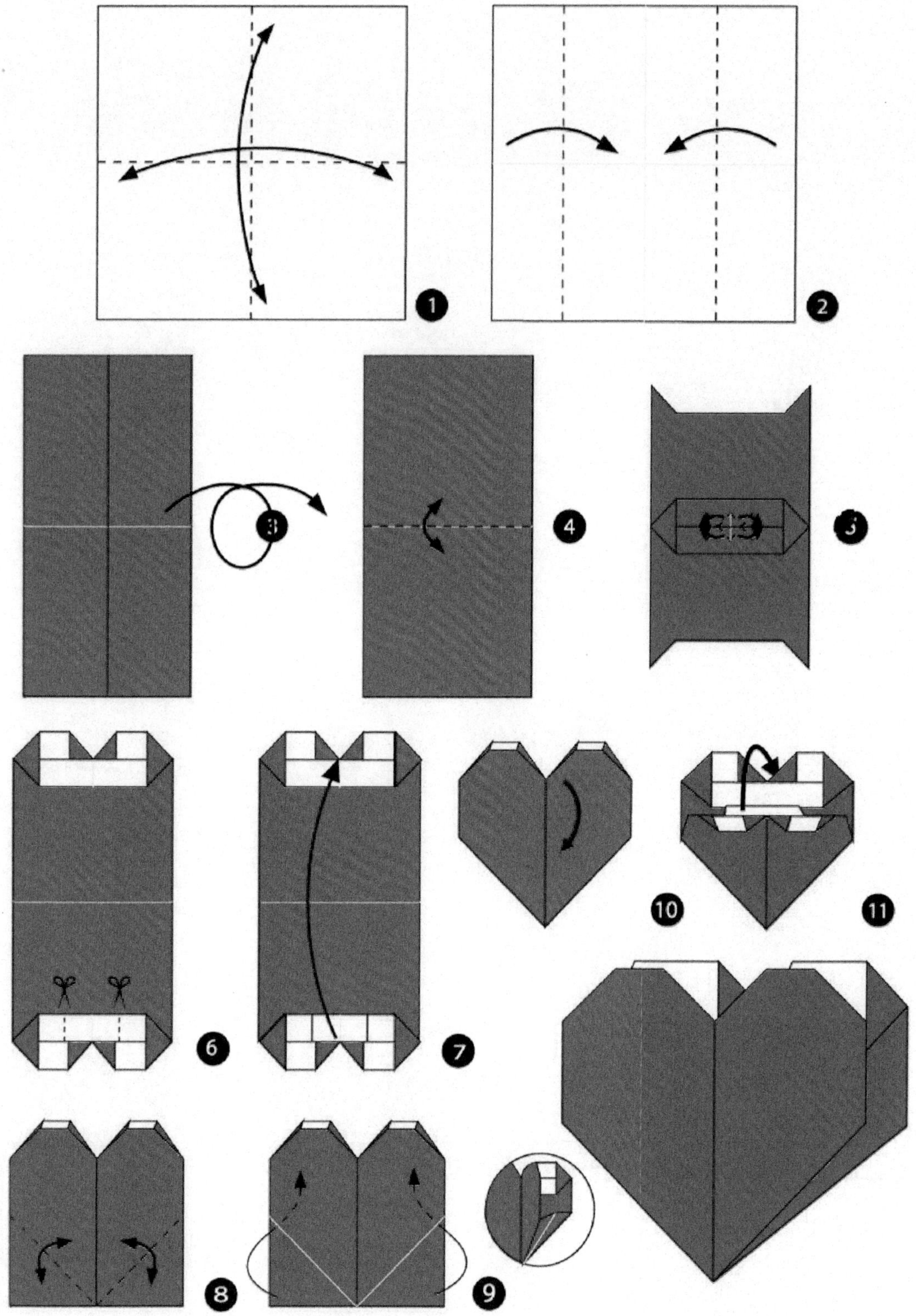

1
2
3
4
5
6
7
8
9
10
11

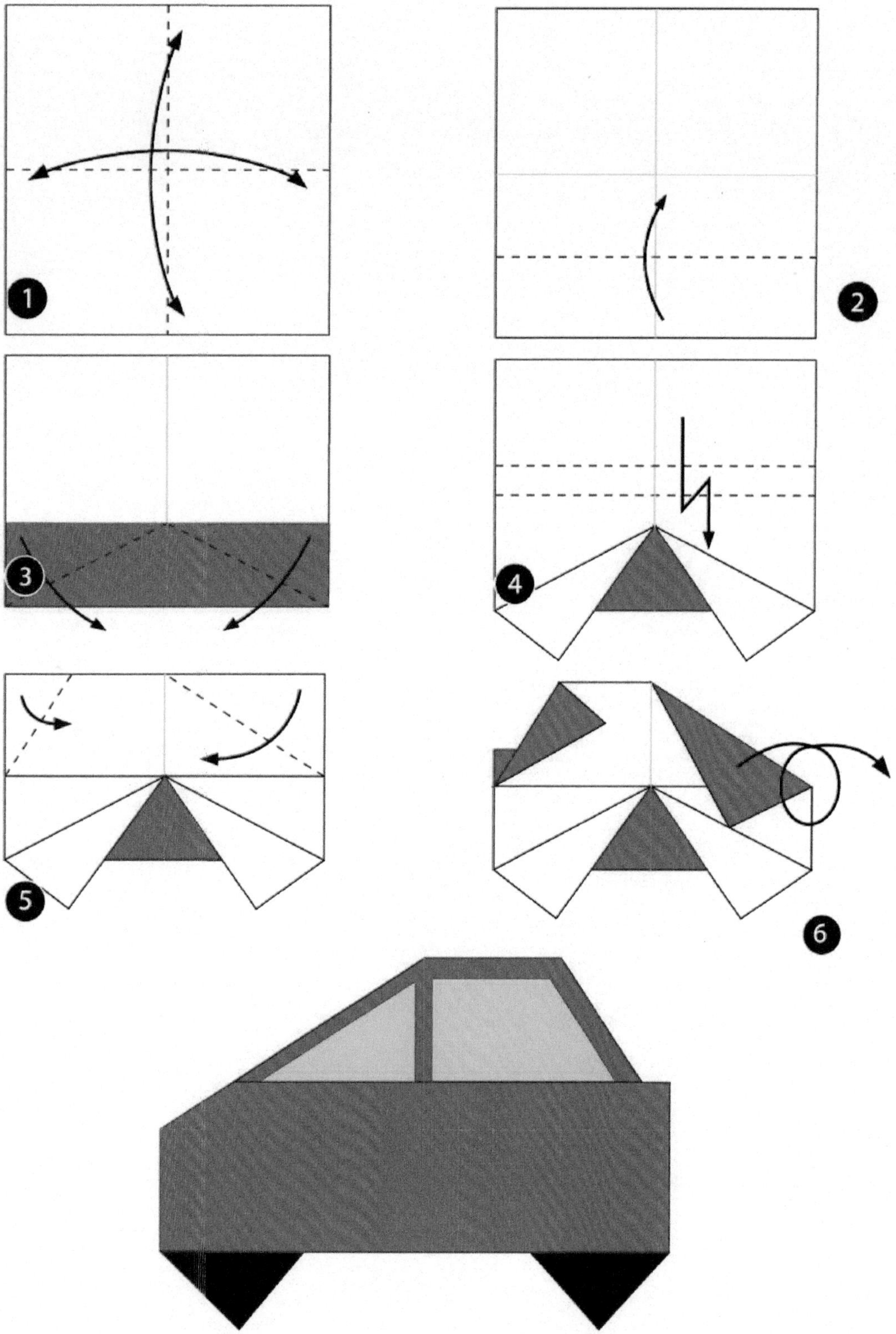
1
2
3
4
5
6

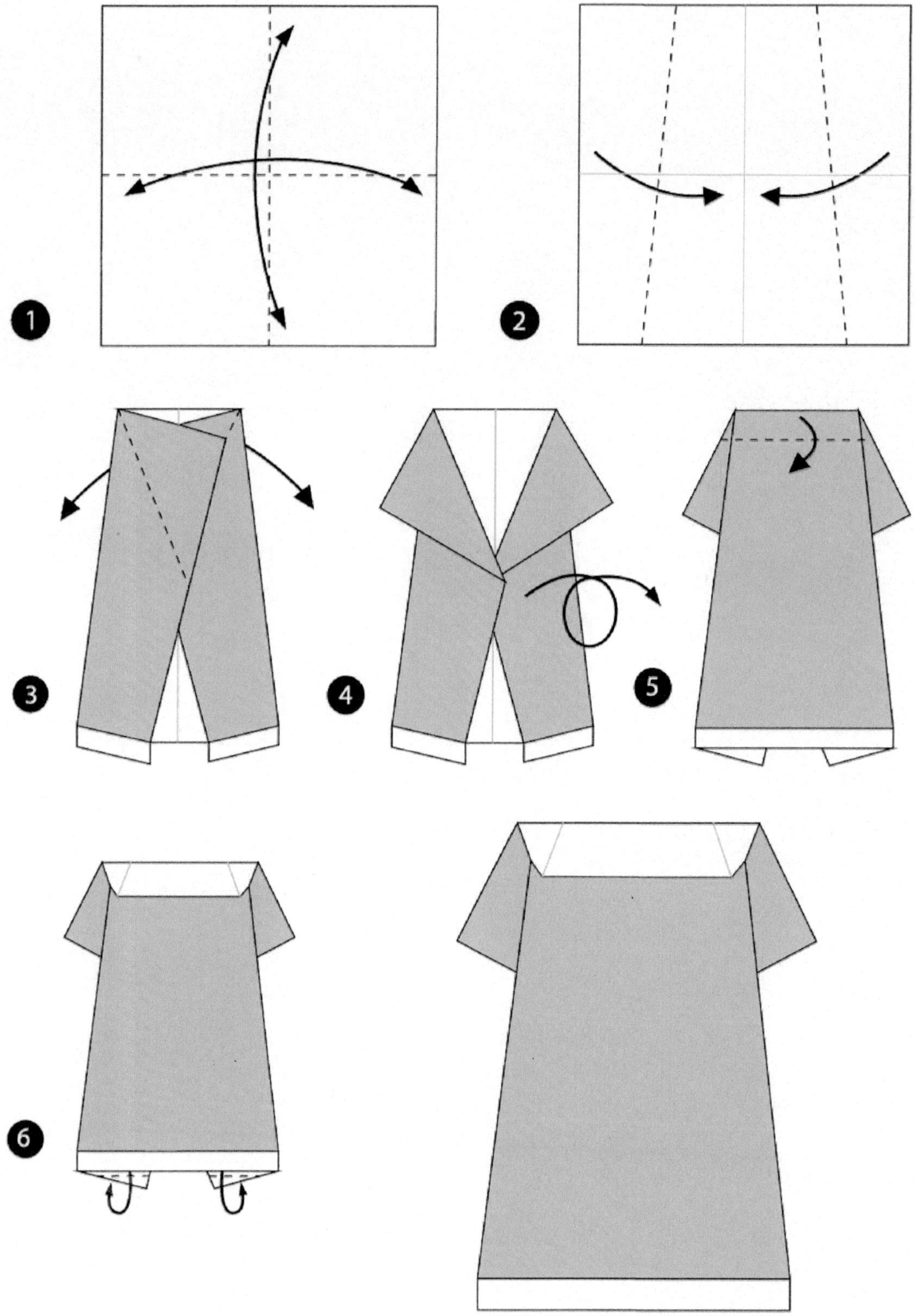
1
2
3
4
5
6

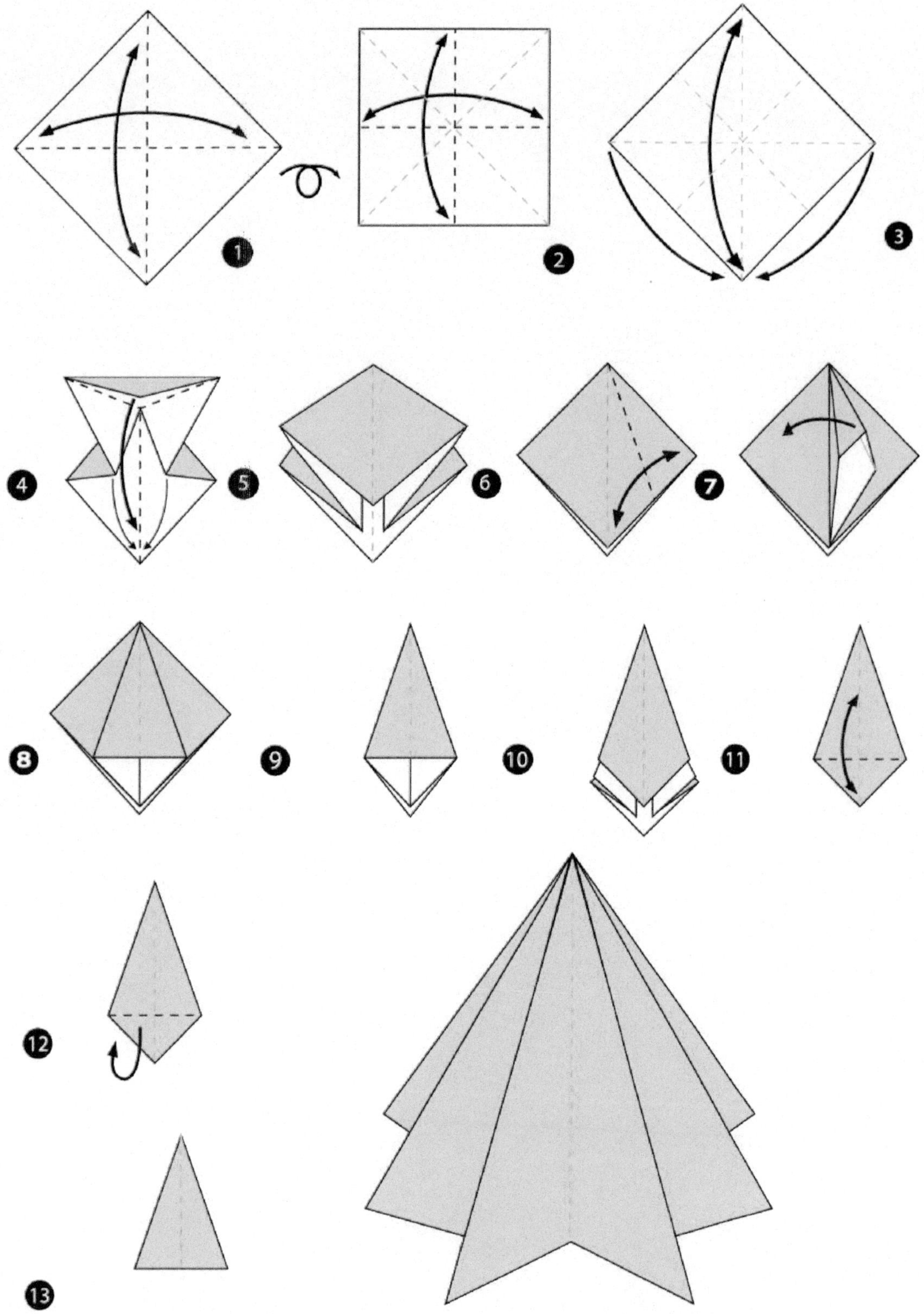
1
2
3
4
5
6
7
8
9
10
11
12
13

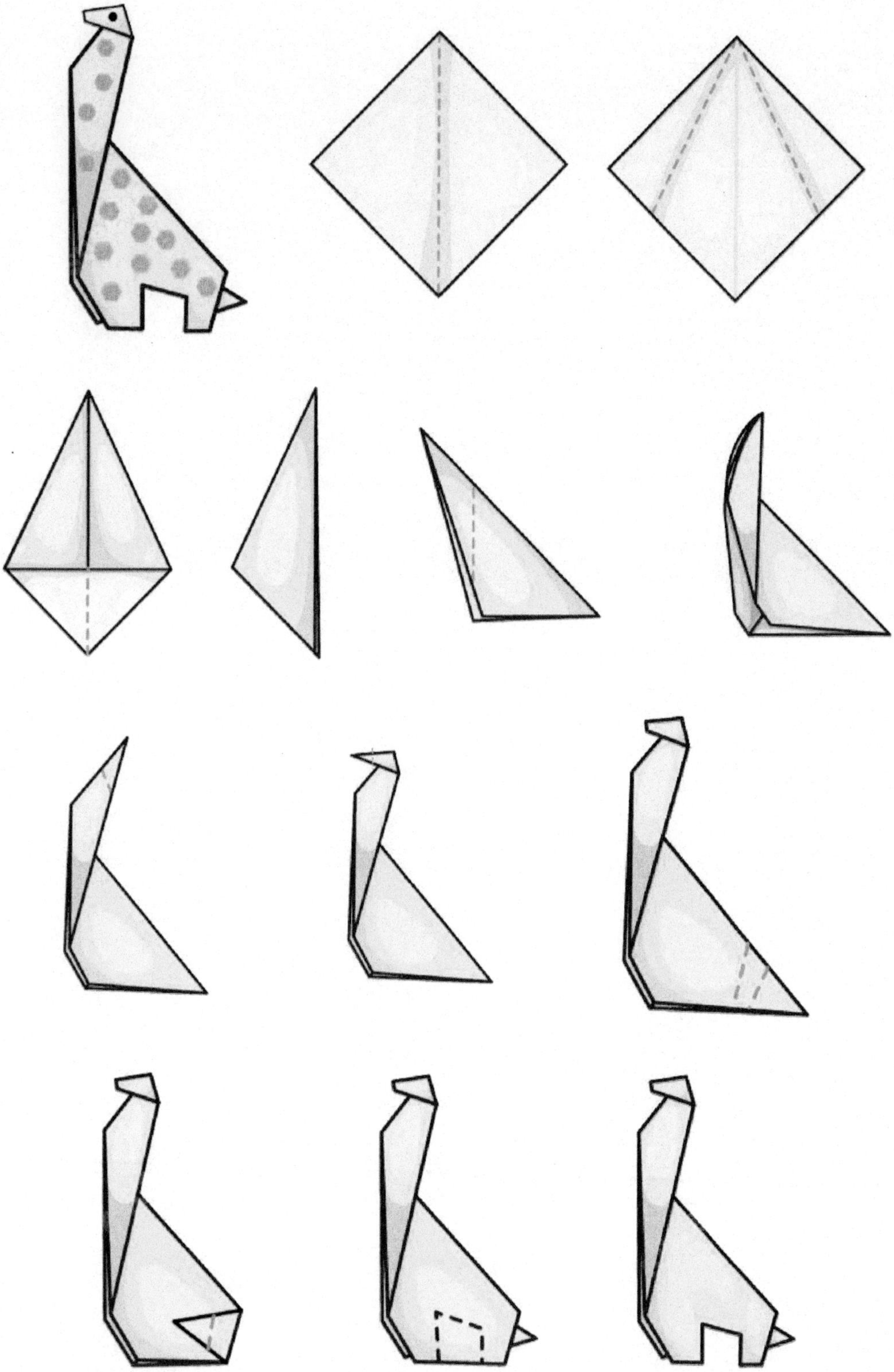

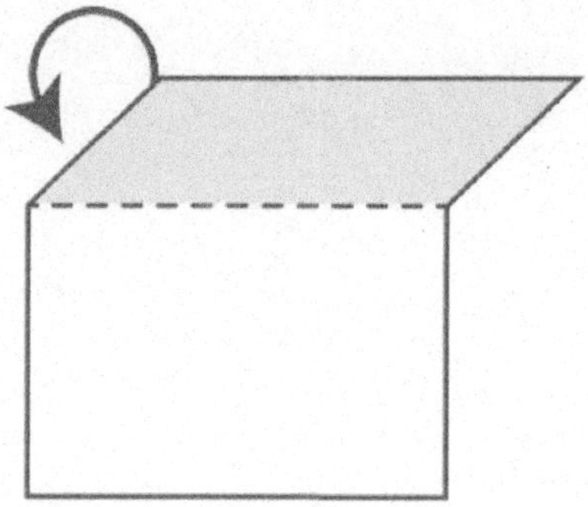
1

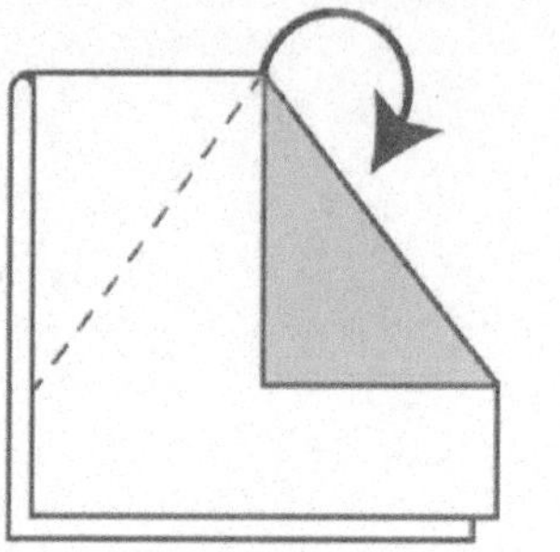
2

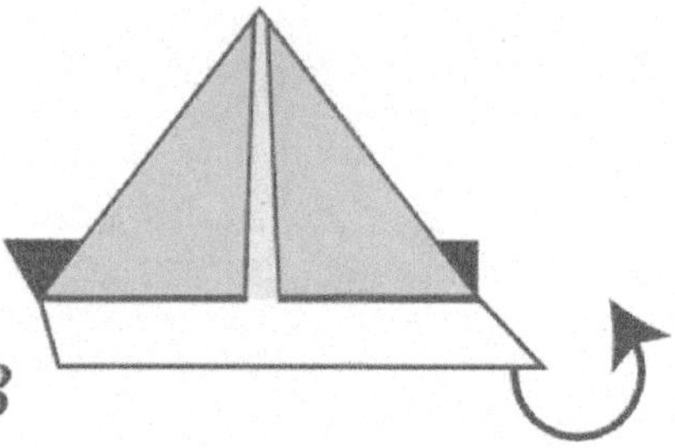
3

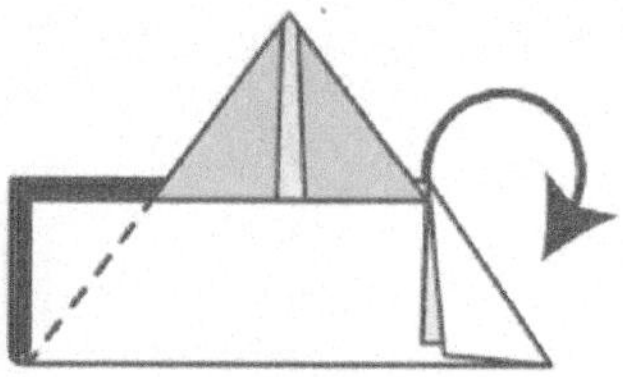
4

5
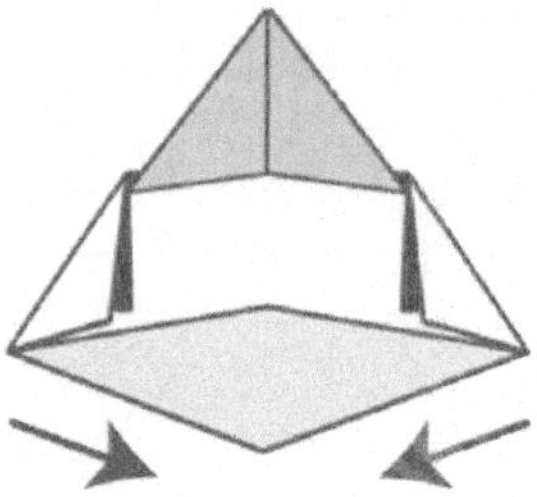

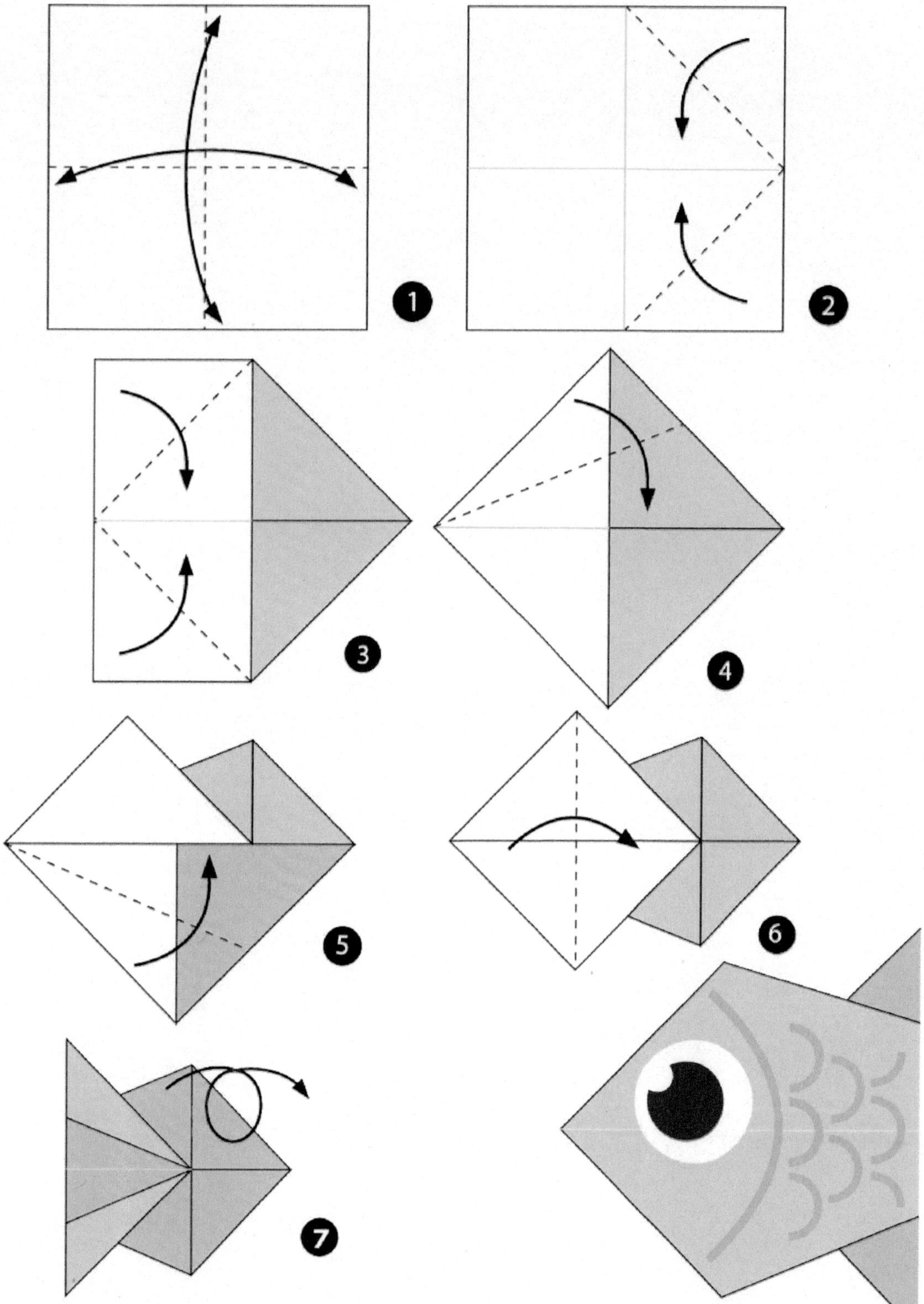
1
2
3
4
5
6
7

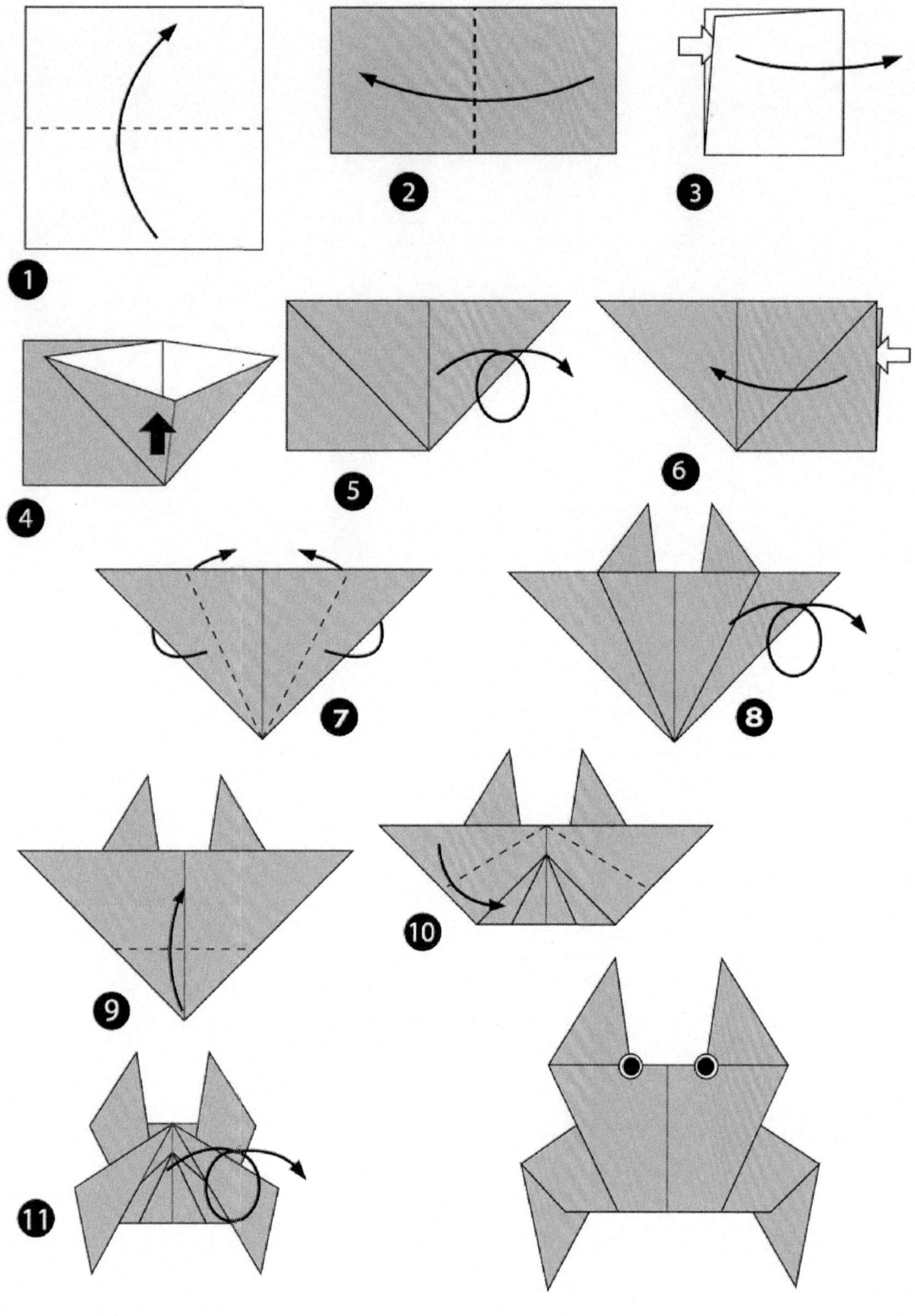
1
2
3
4
5
6
7
8
9
10
11

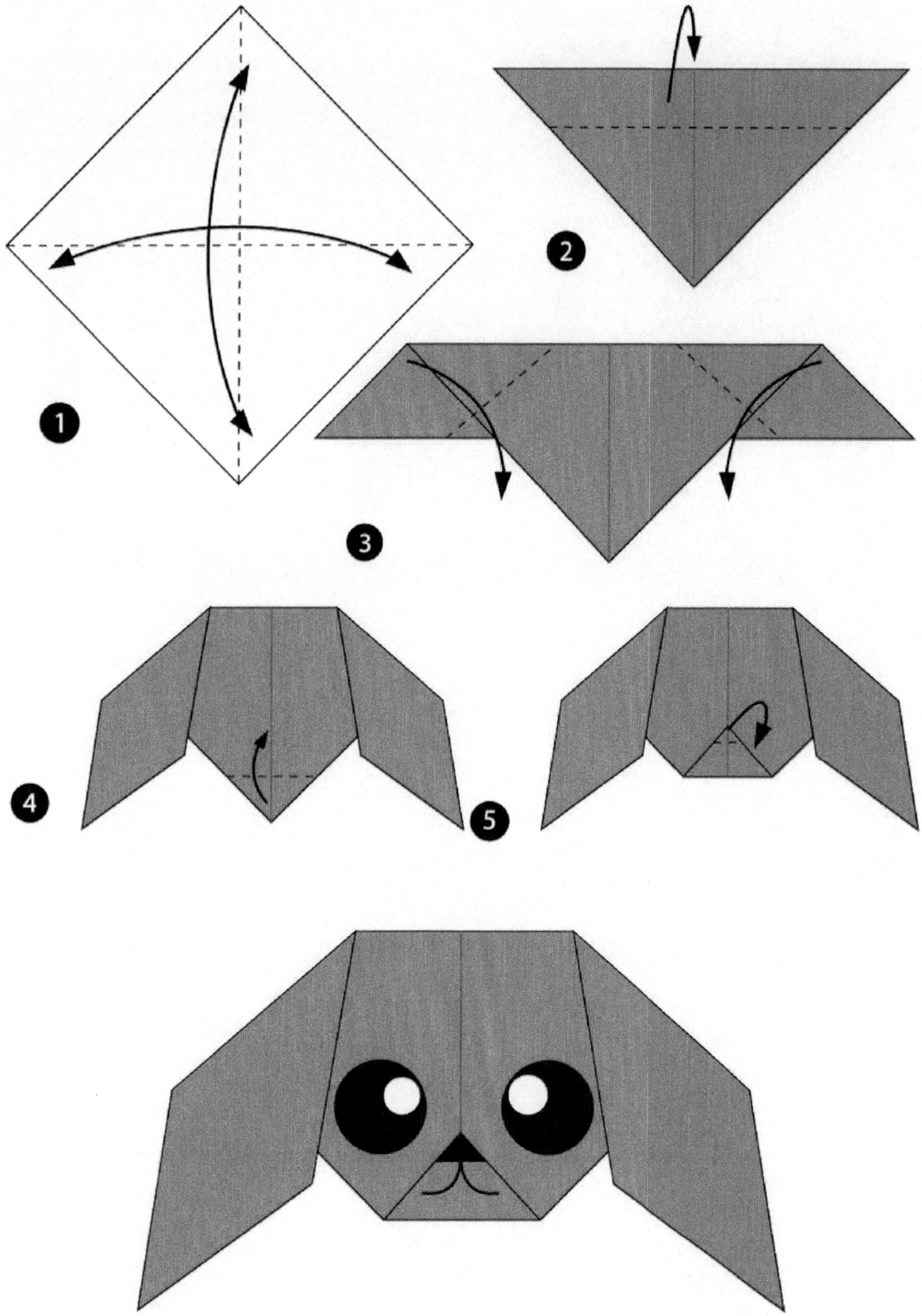
1
2
3
4
5

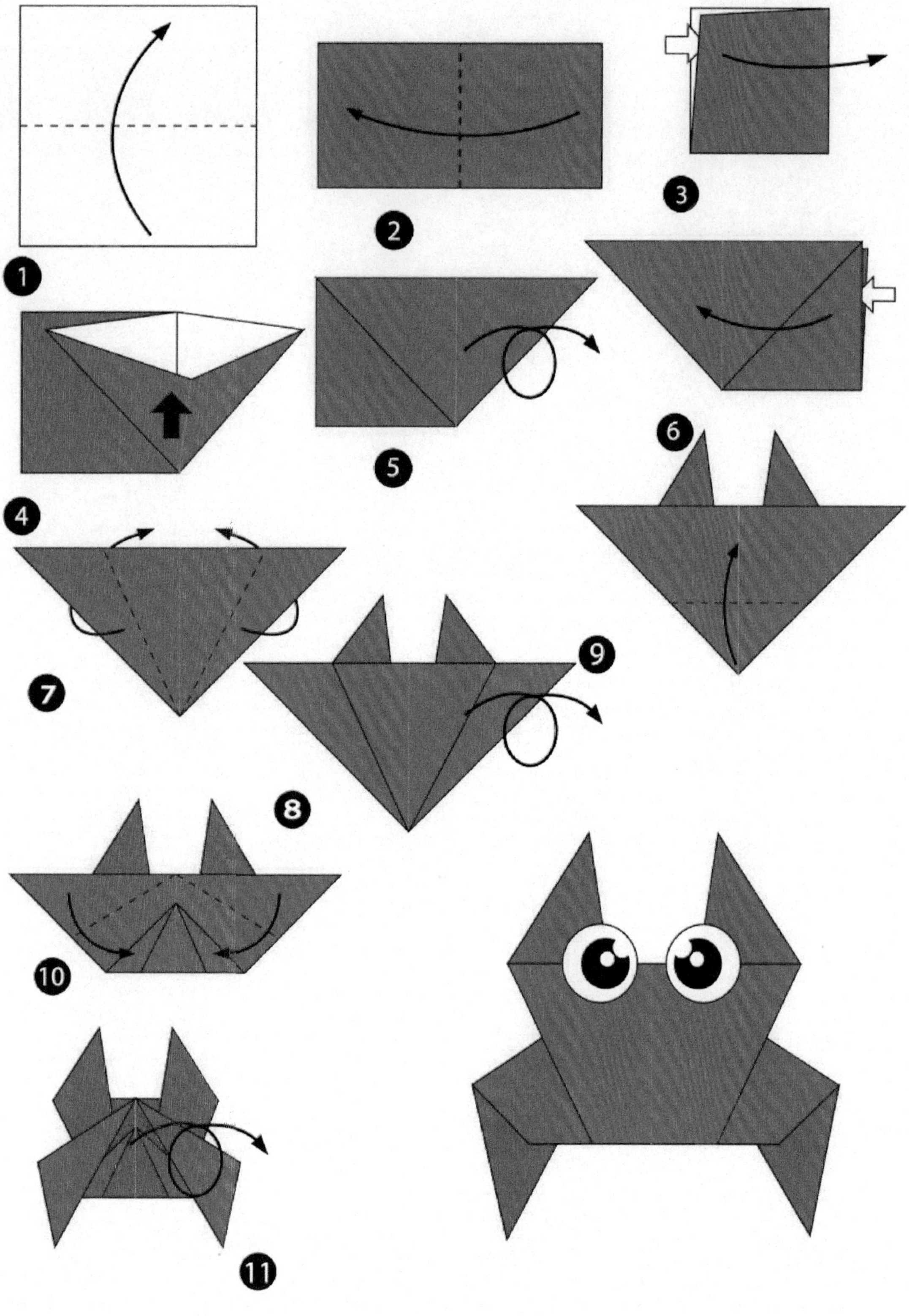
1
2
3
4
5
6
7
8
9
10
11

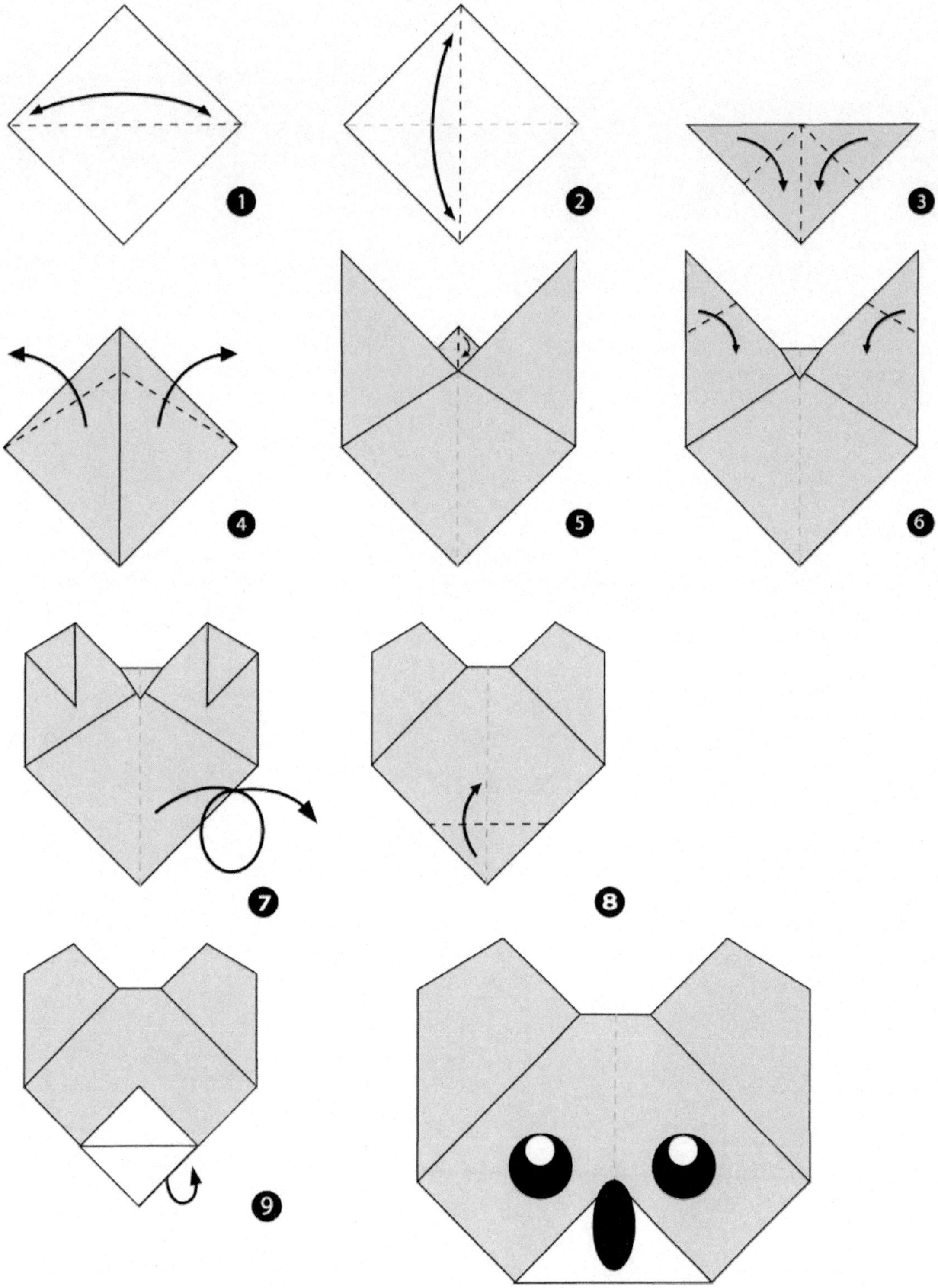
1
2
3
4
5
6
7
8
9

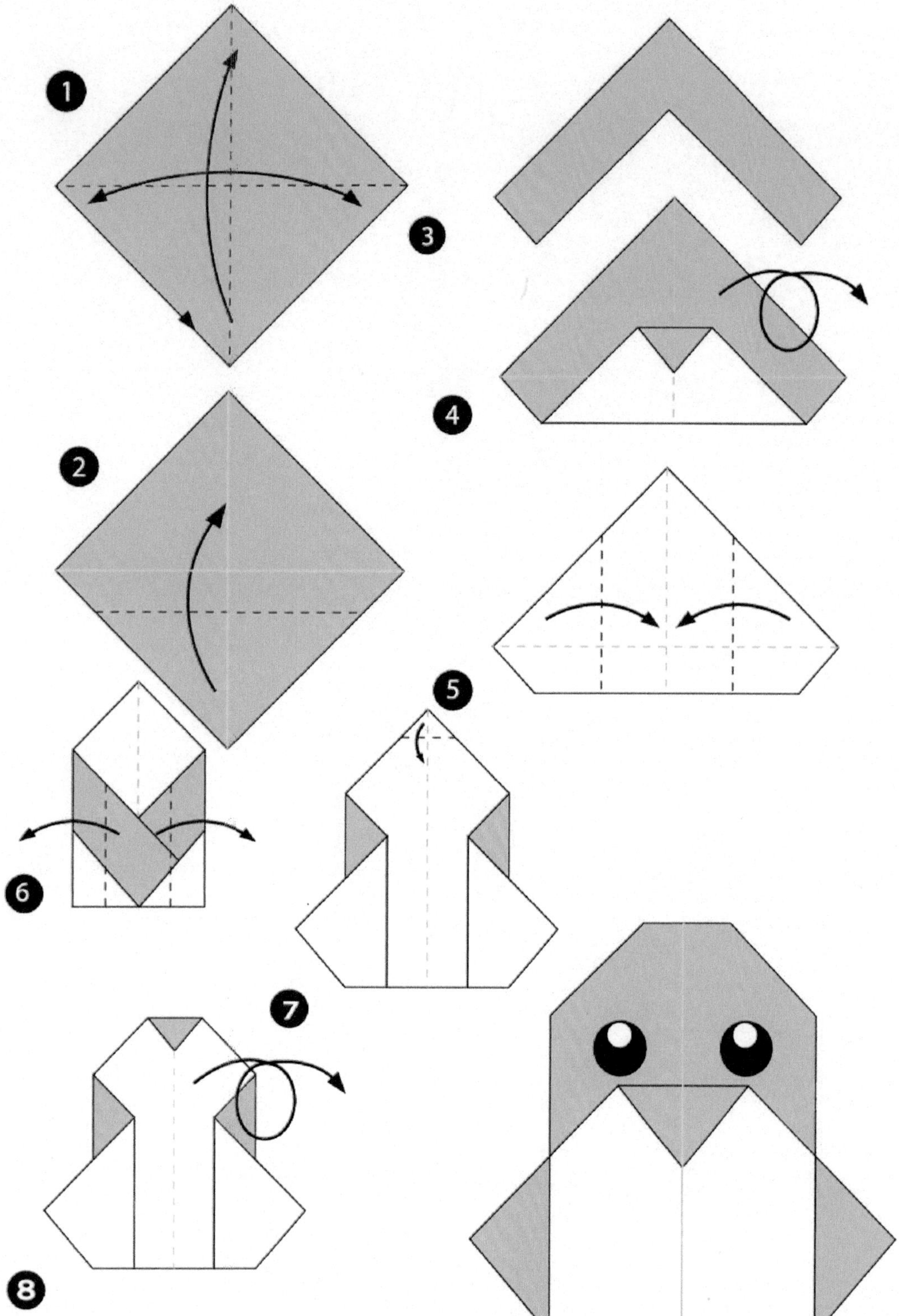
1
2
3
4
5
6
7
8

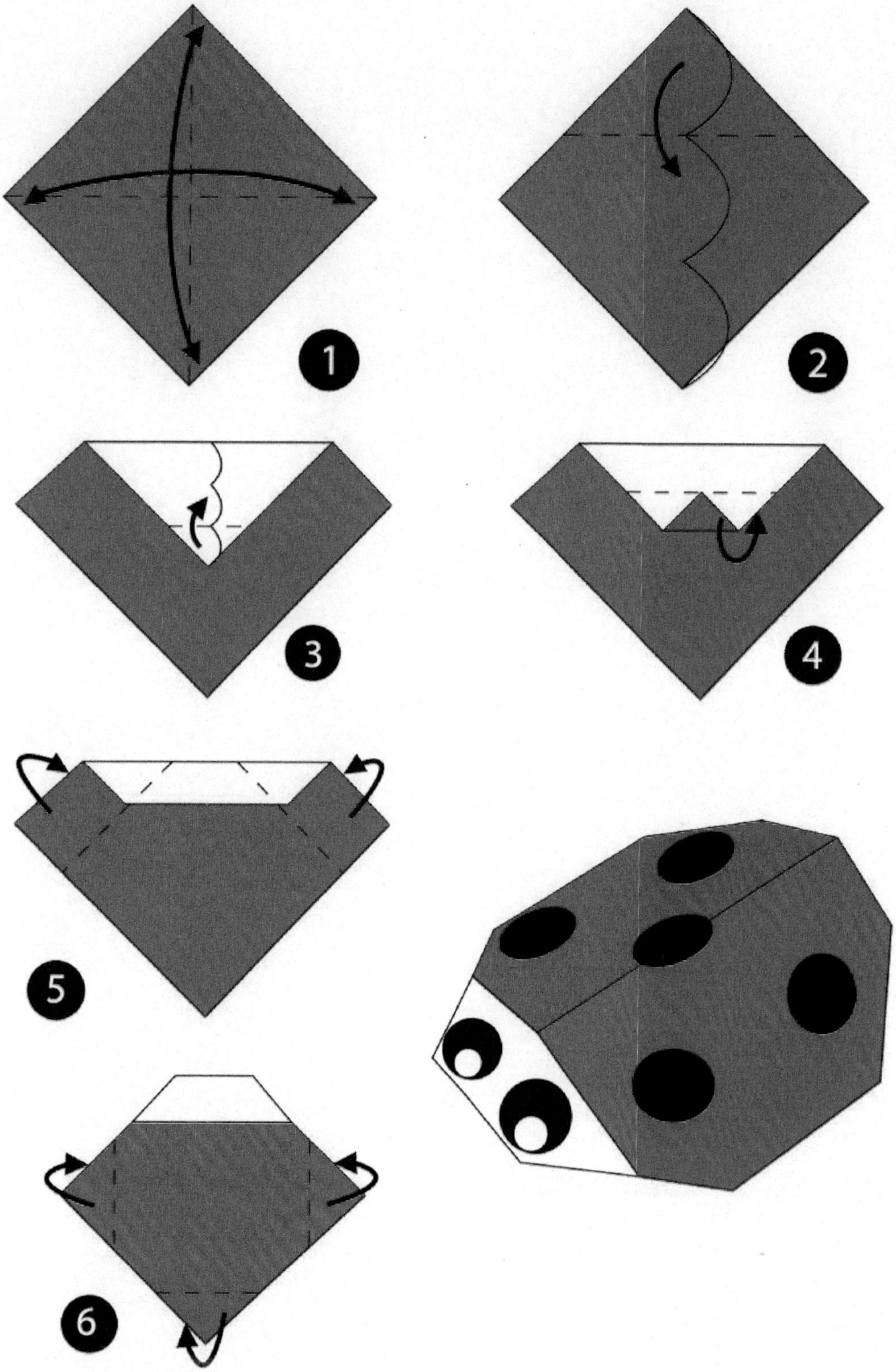
1
2
3
4
5
6

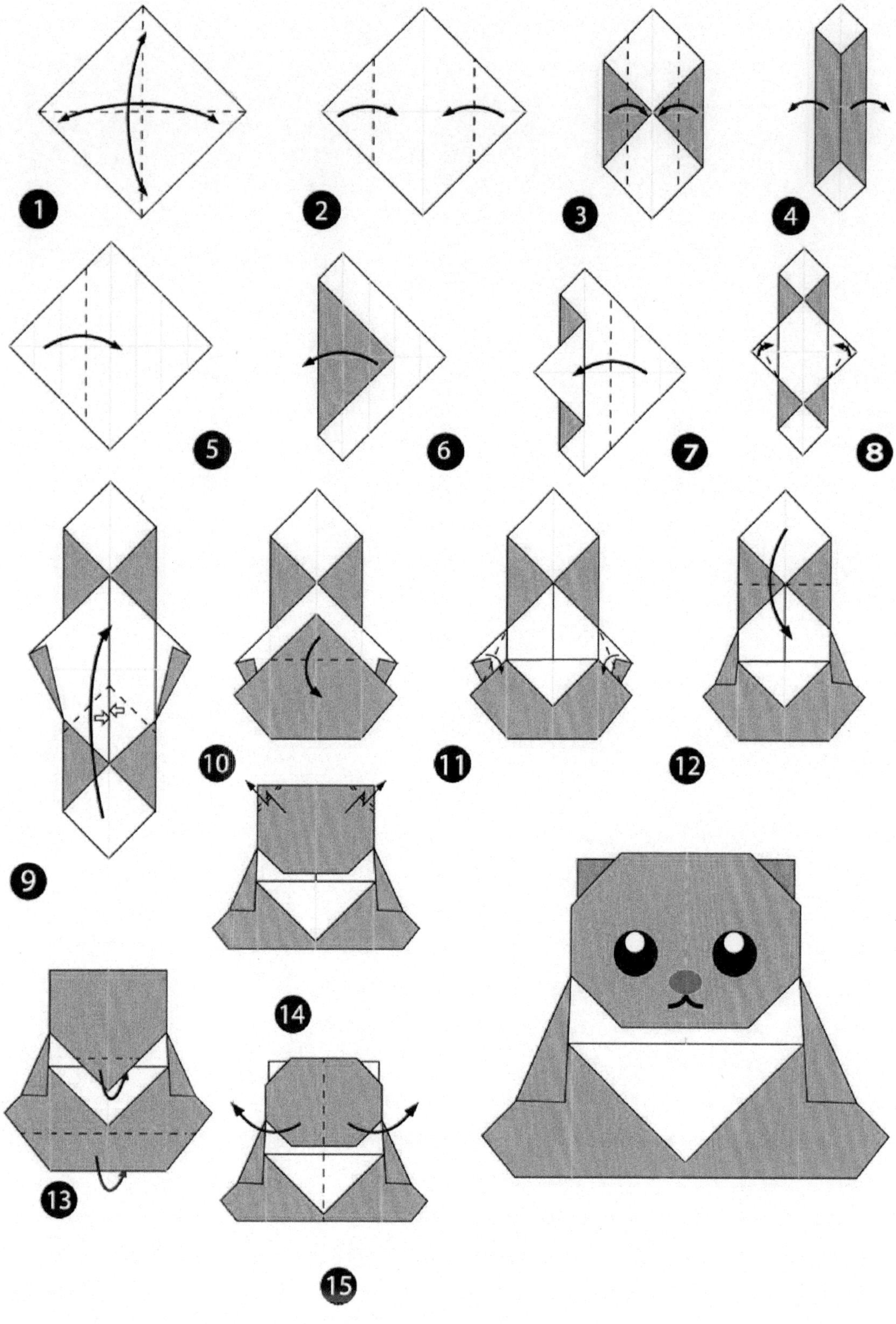
1
2
3
4
5
6
7
8
9
10
11
12
13
14
15

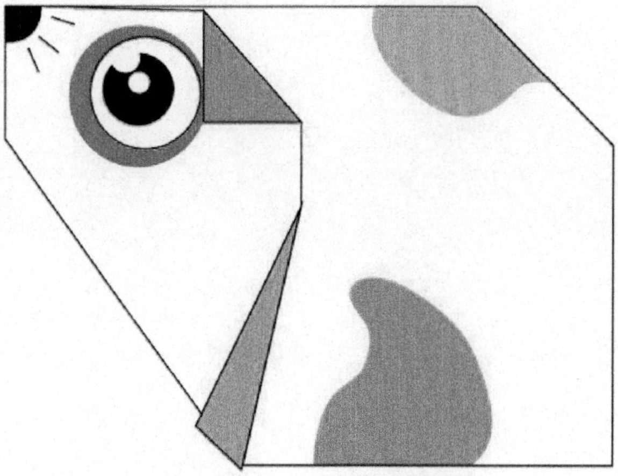

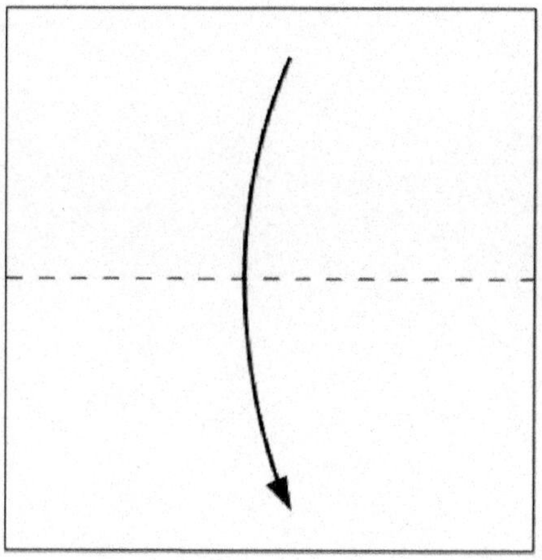

1

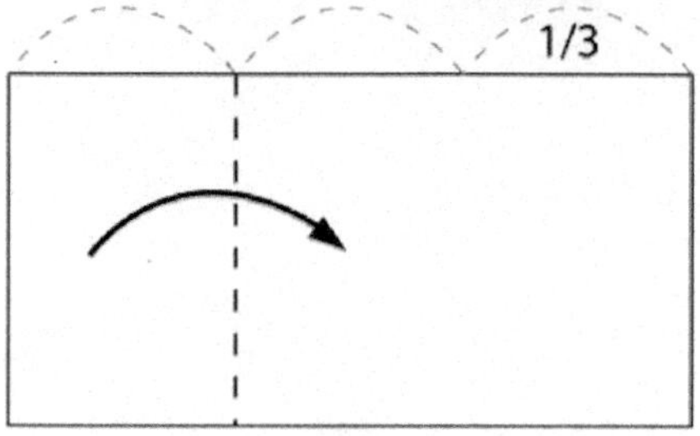

2

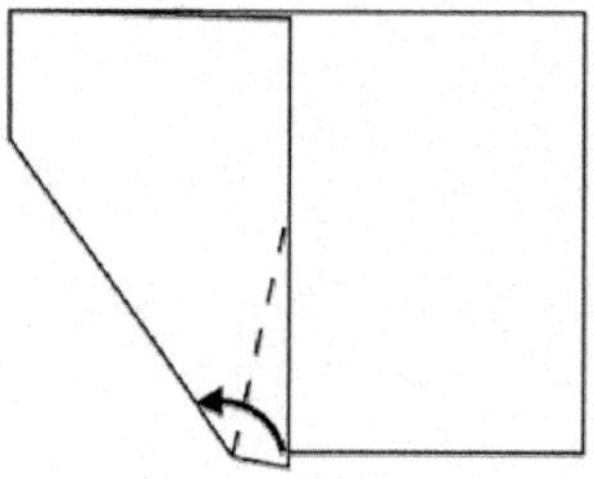

5

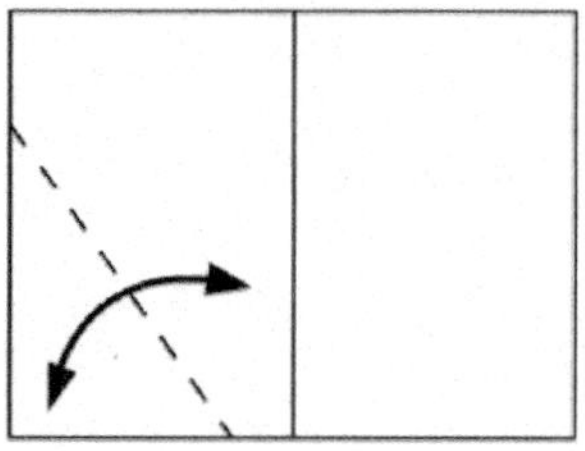

3

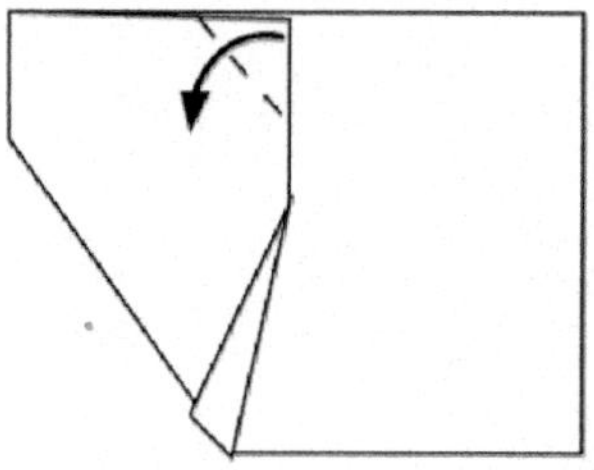

6

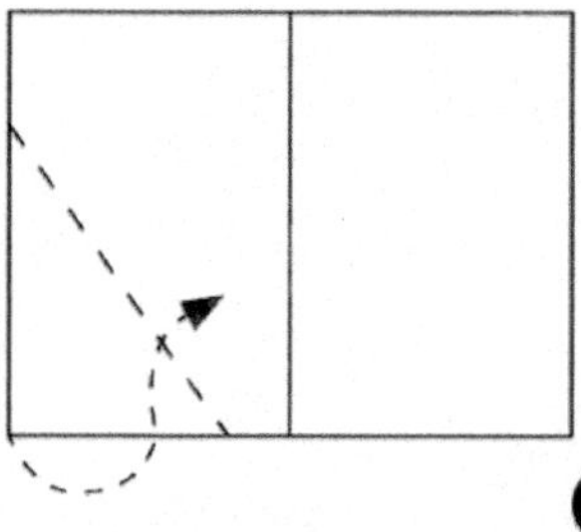

4

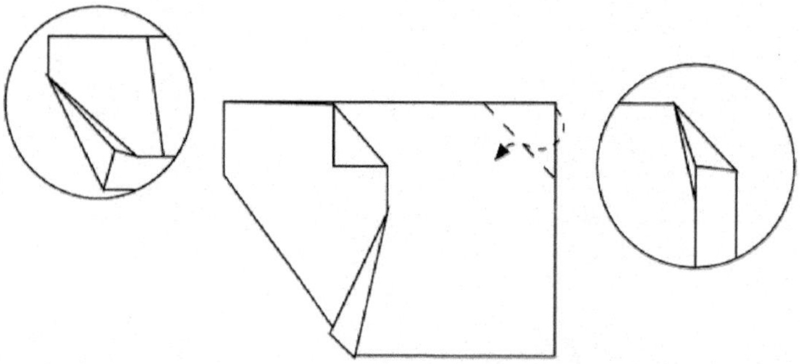

7

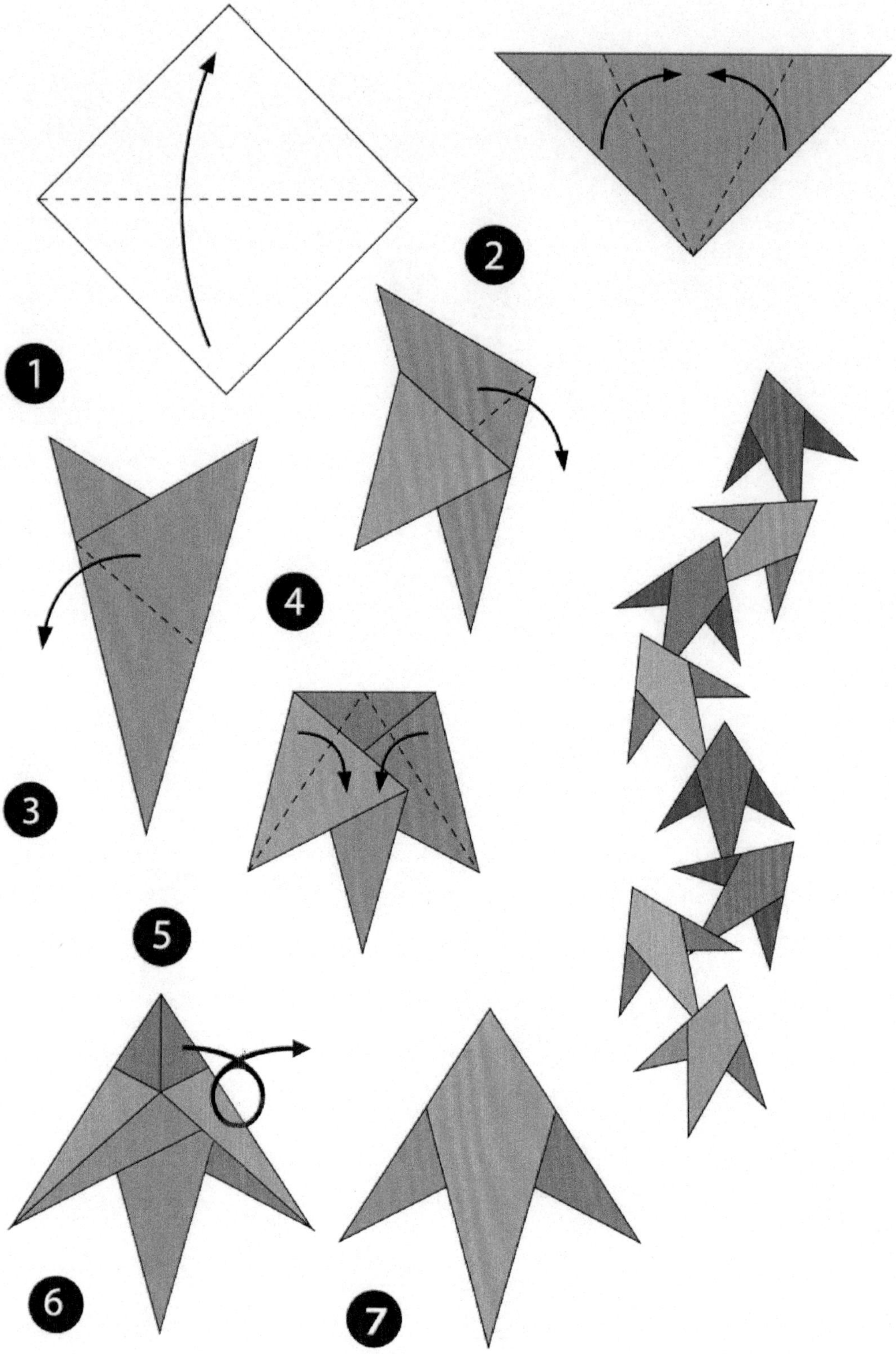
1
2
3
4
5
6
7

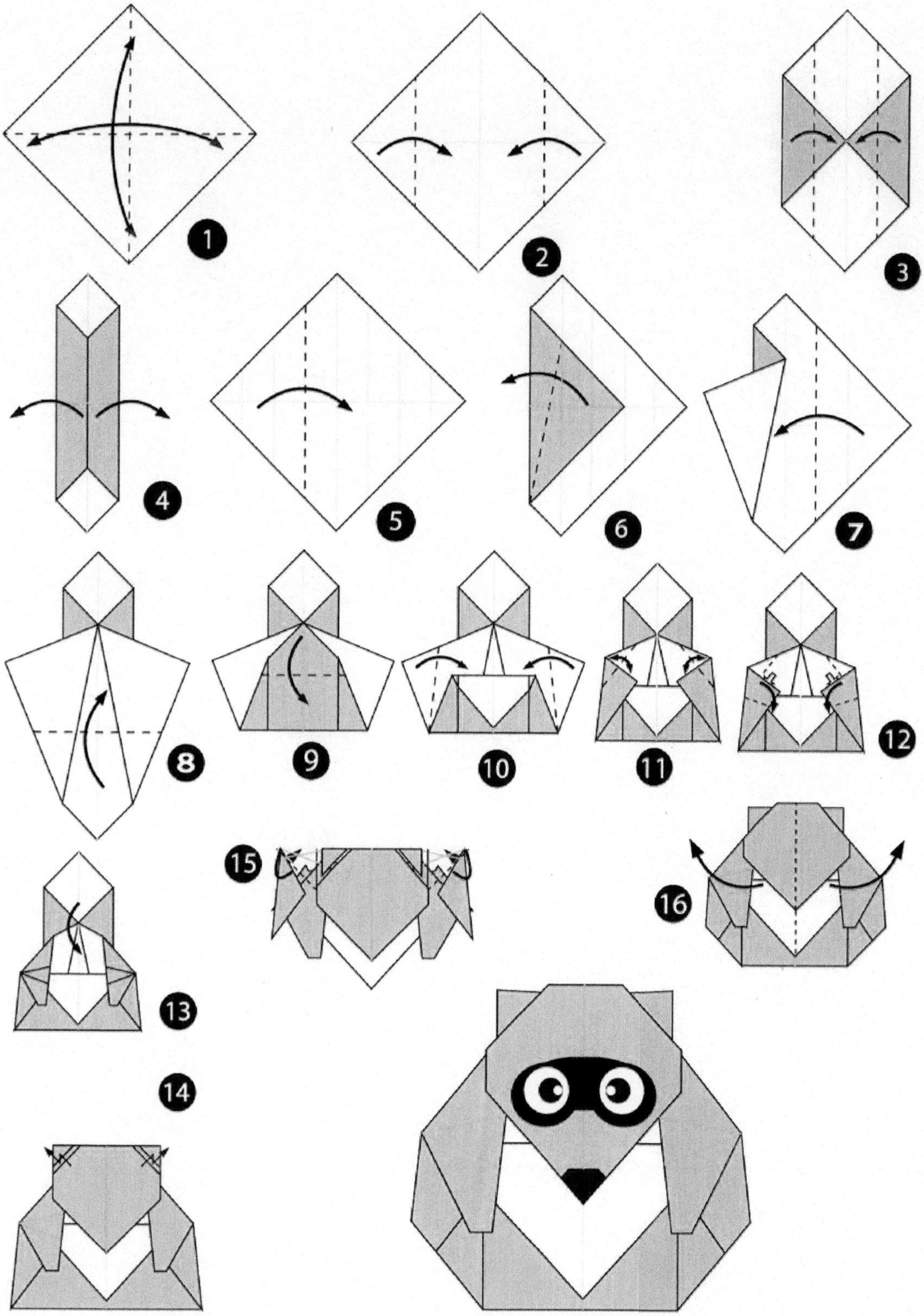
1
2
3
4
5
6
7
8
9
10
11
12
13
14
15
16

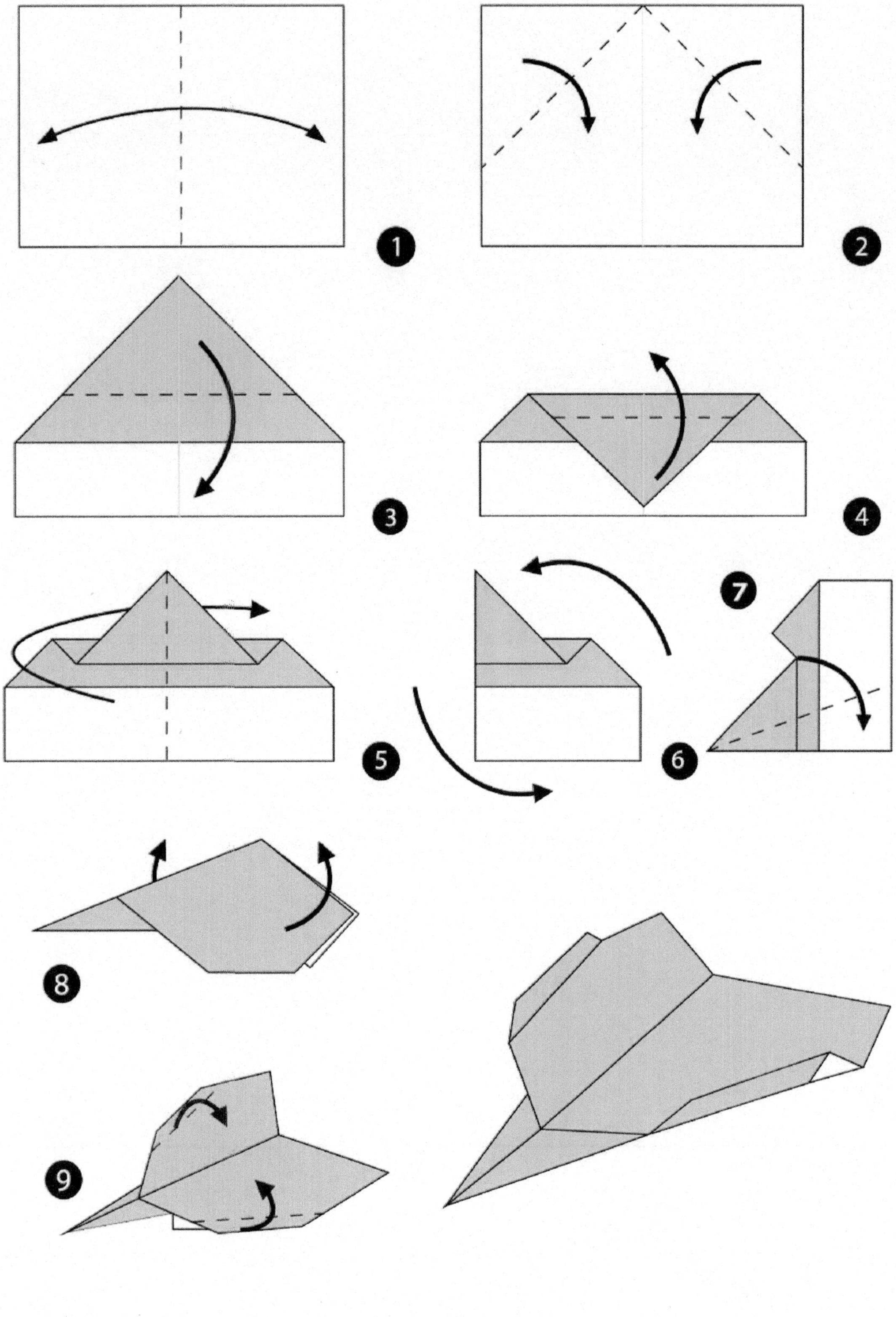
1
2
3
4
5
6
7
8
9

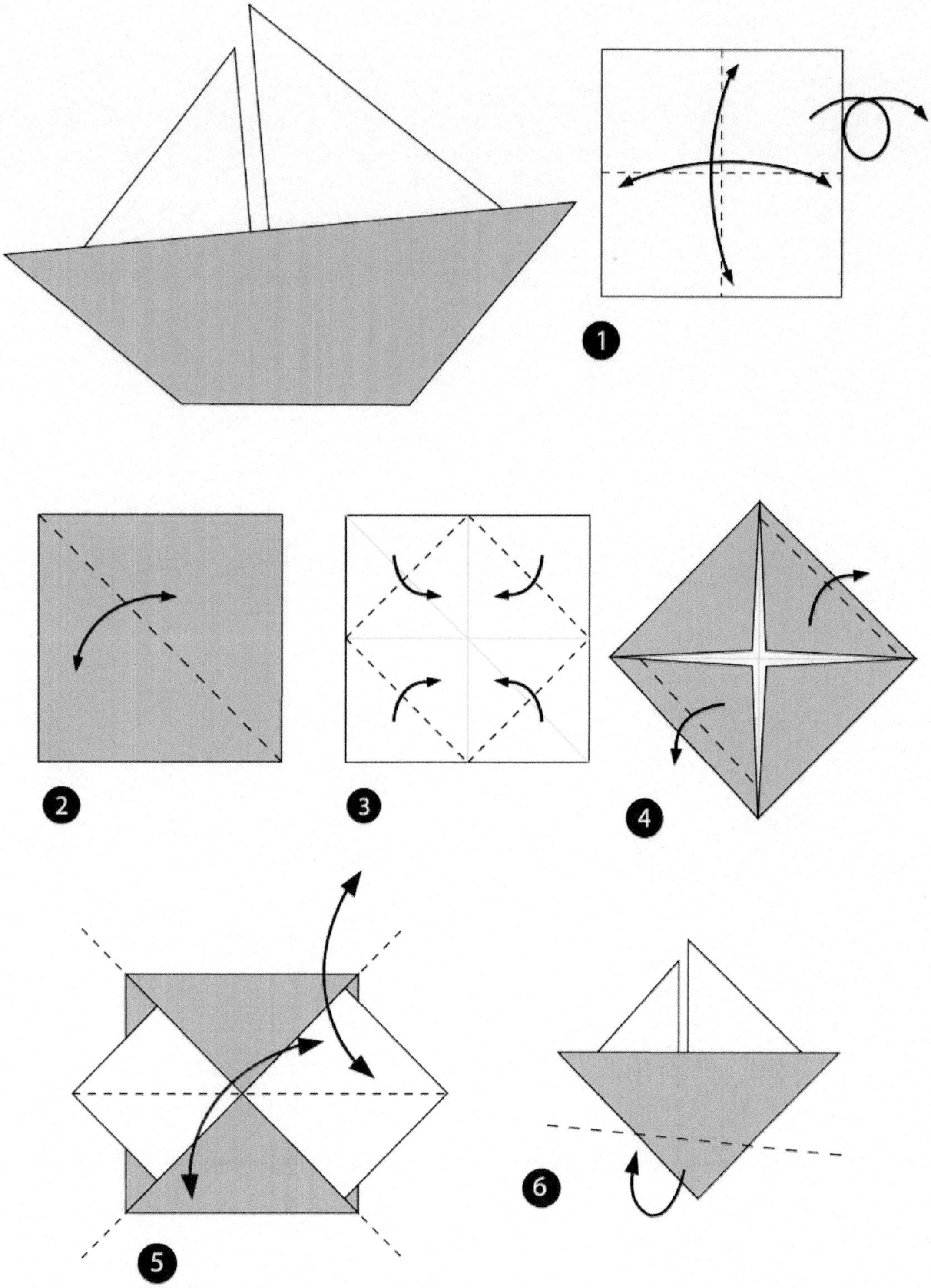
1
2
3
4
5
6

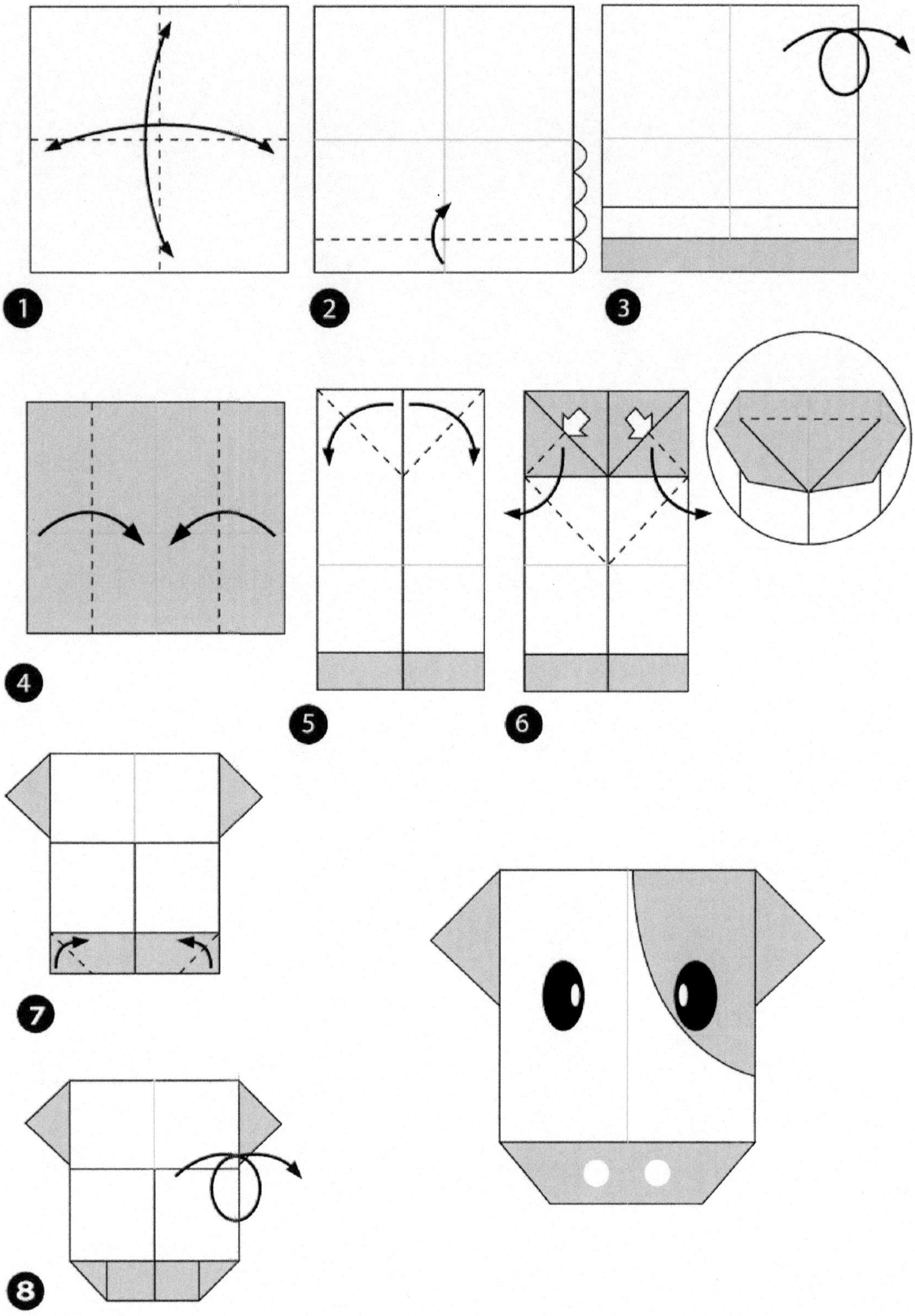
1
2
3
4
5
6
7
8

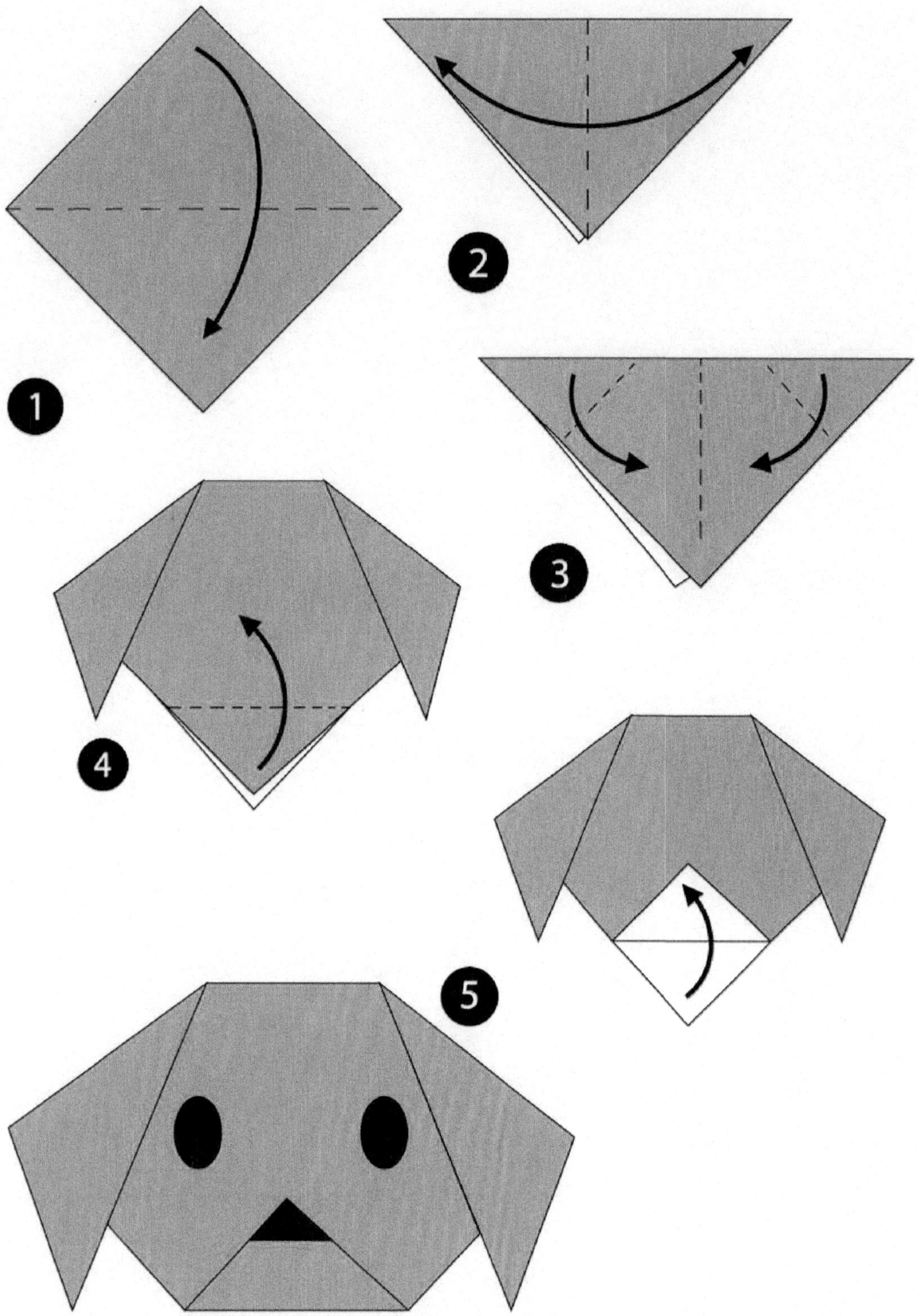
1
2
3
4
5

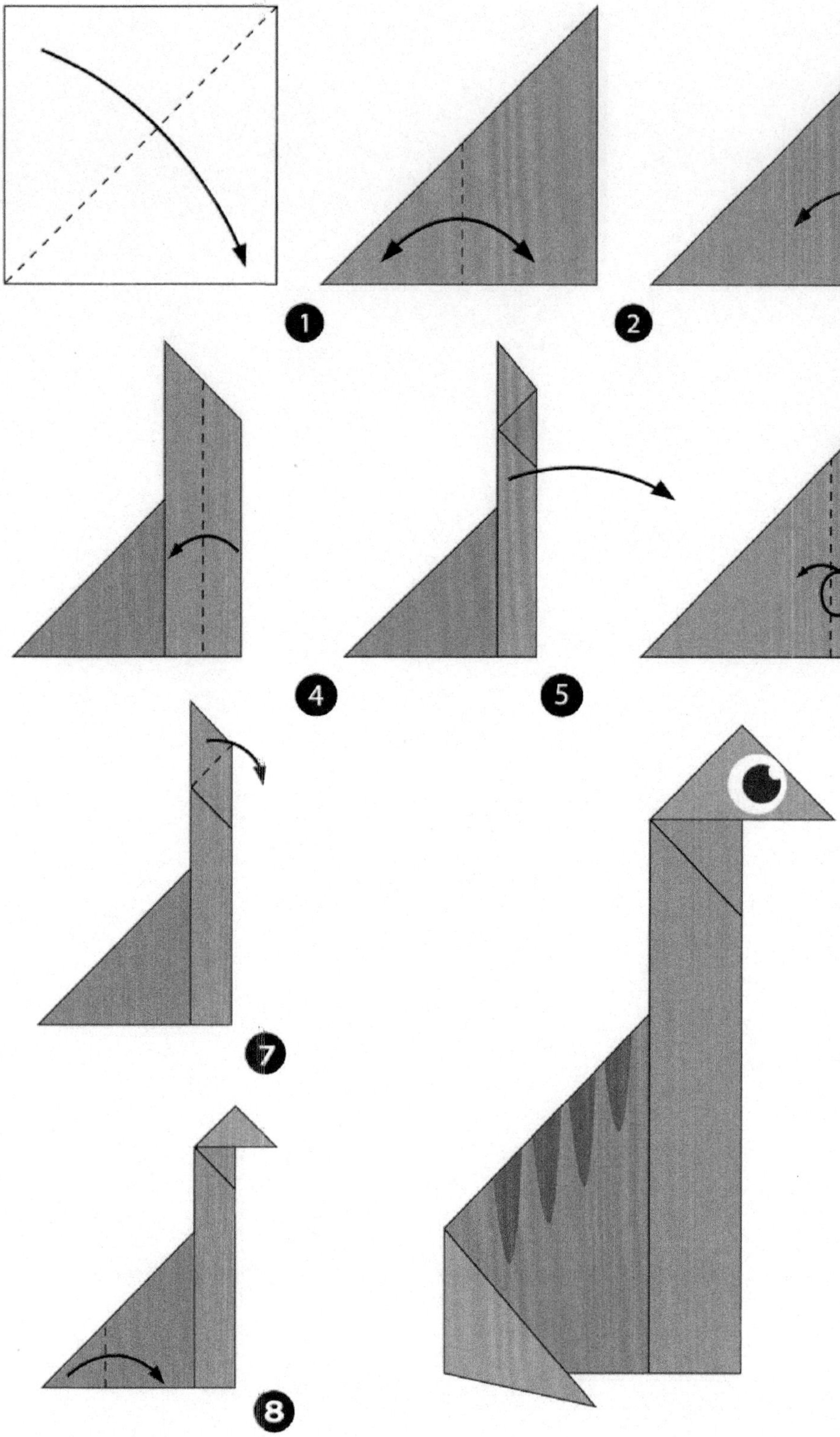
1
2
3
4
5
6
7
8

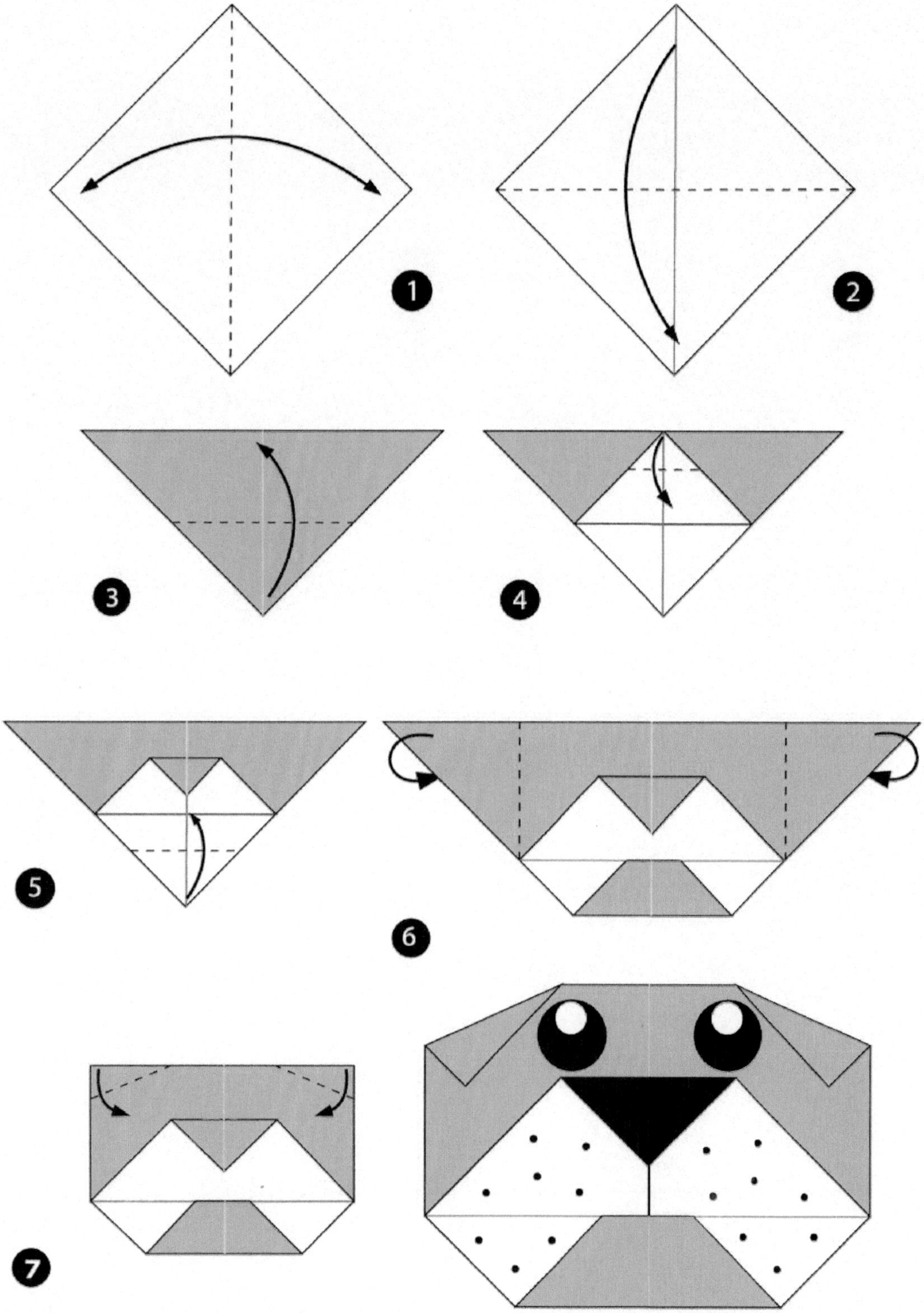
1
2
3
4
5
6
7

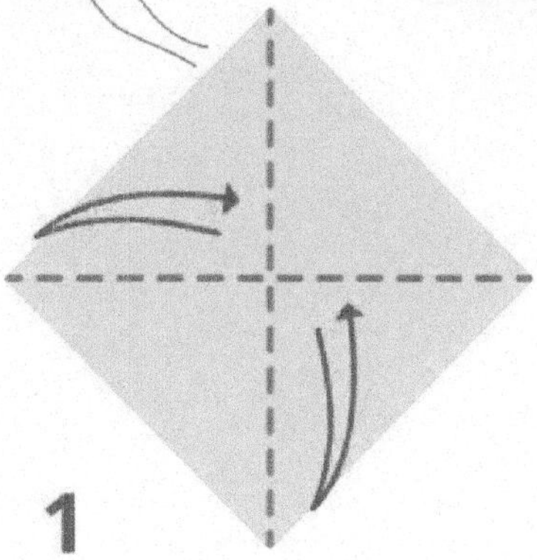

1

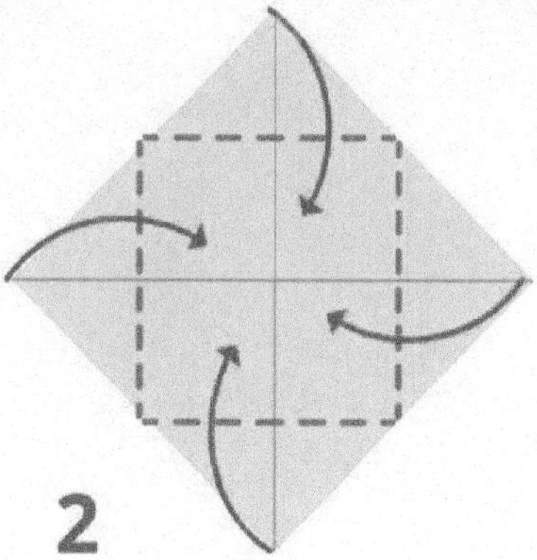

2

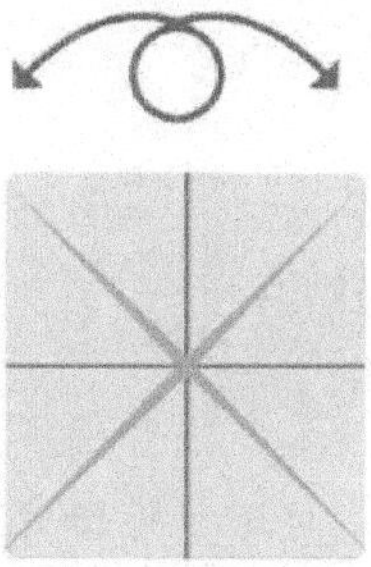

3

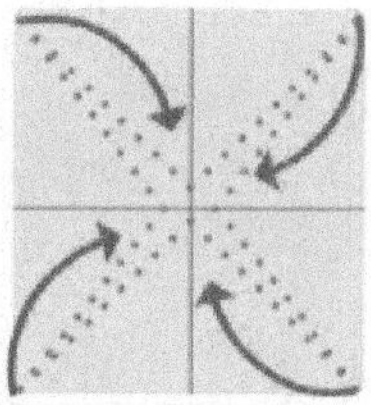

4

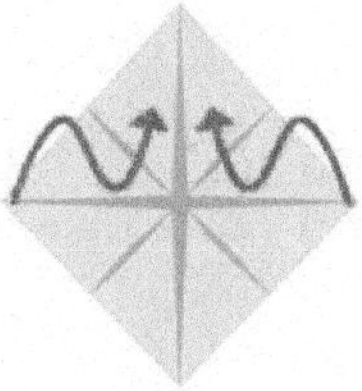

5

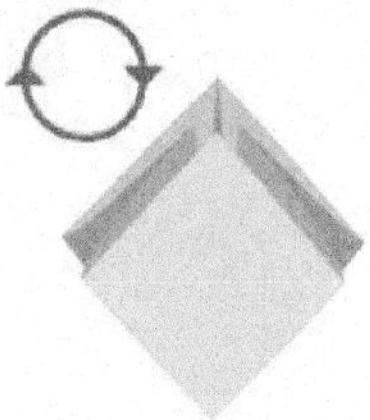

6

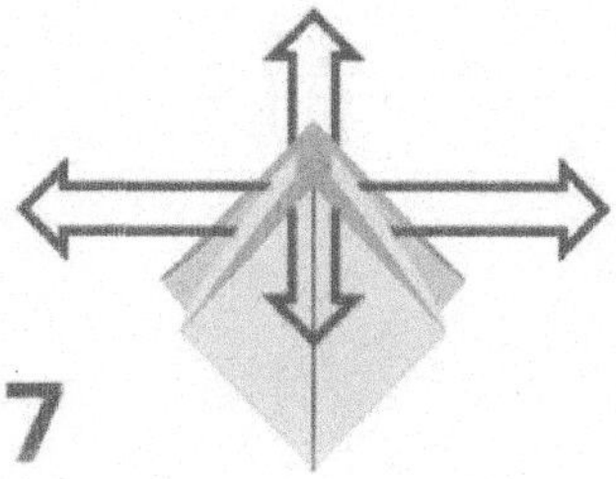

7

8

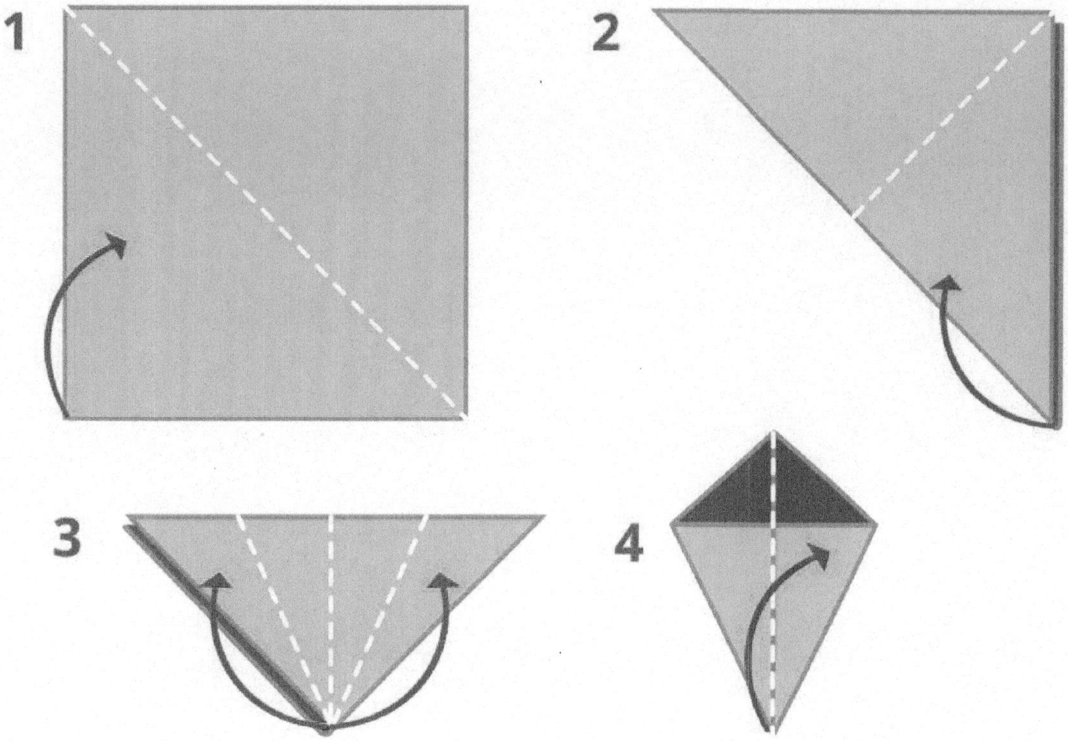
1
2
3
4

5
6

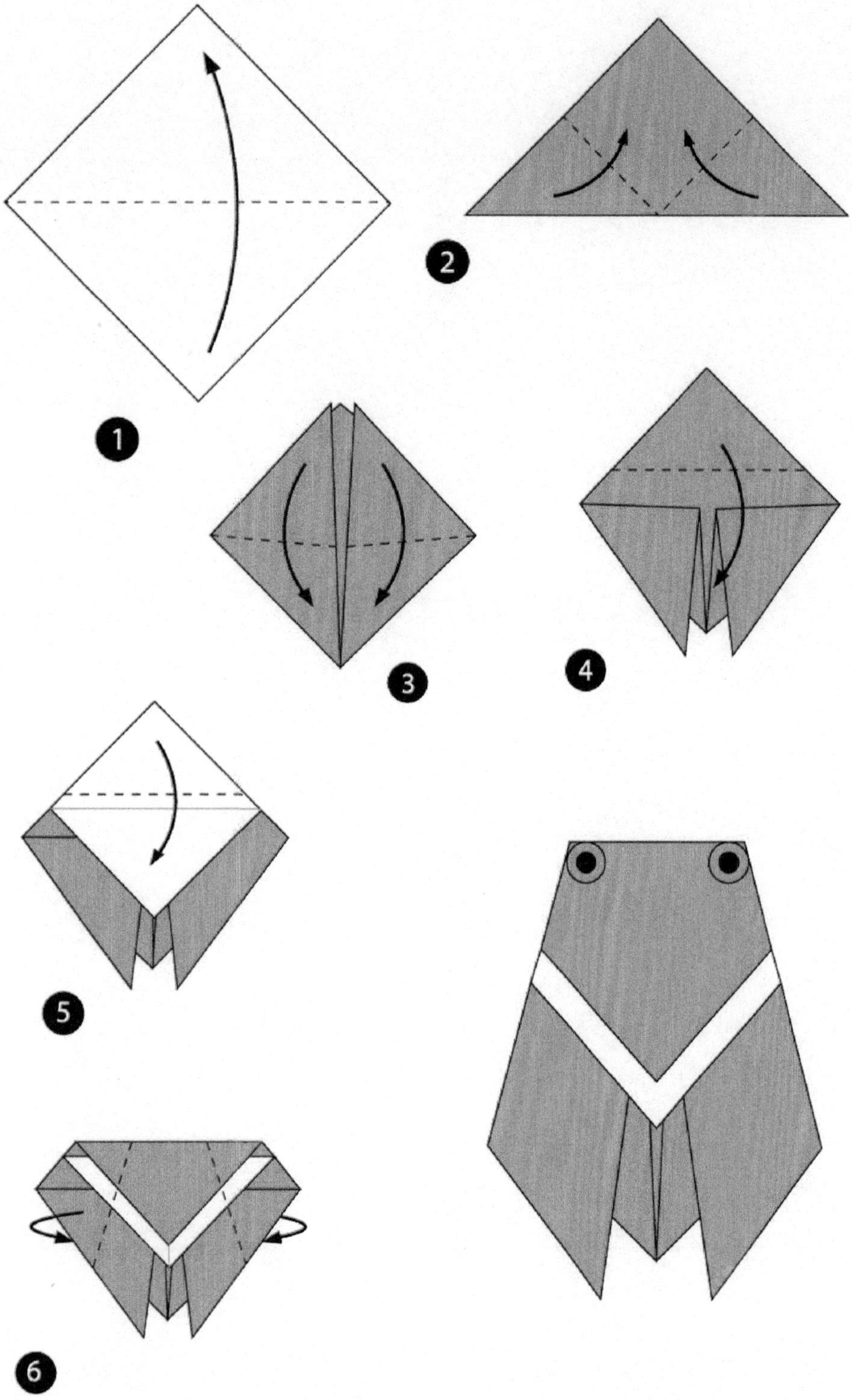
1
2
3
4
5
6

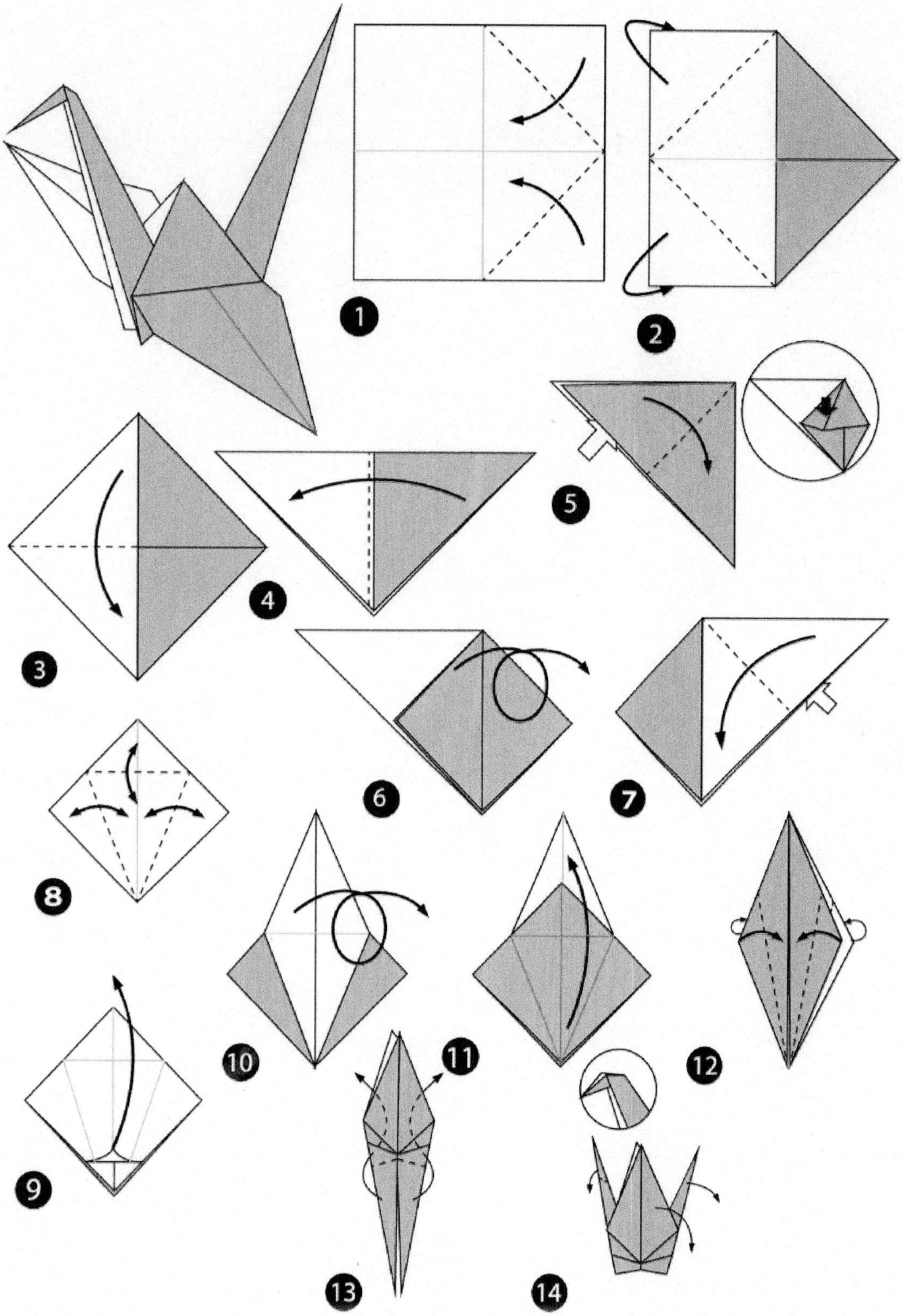
1
2
3
4
5
6
7
8
9
10
11
12
13
14

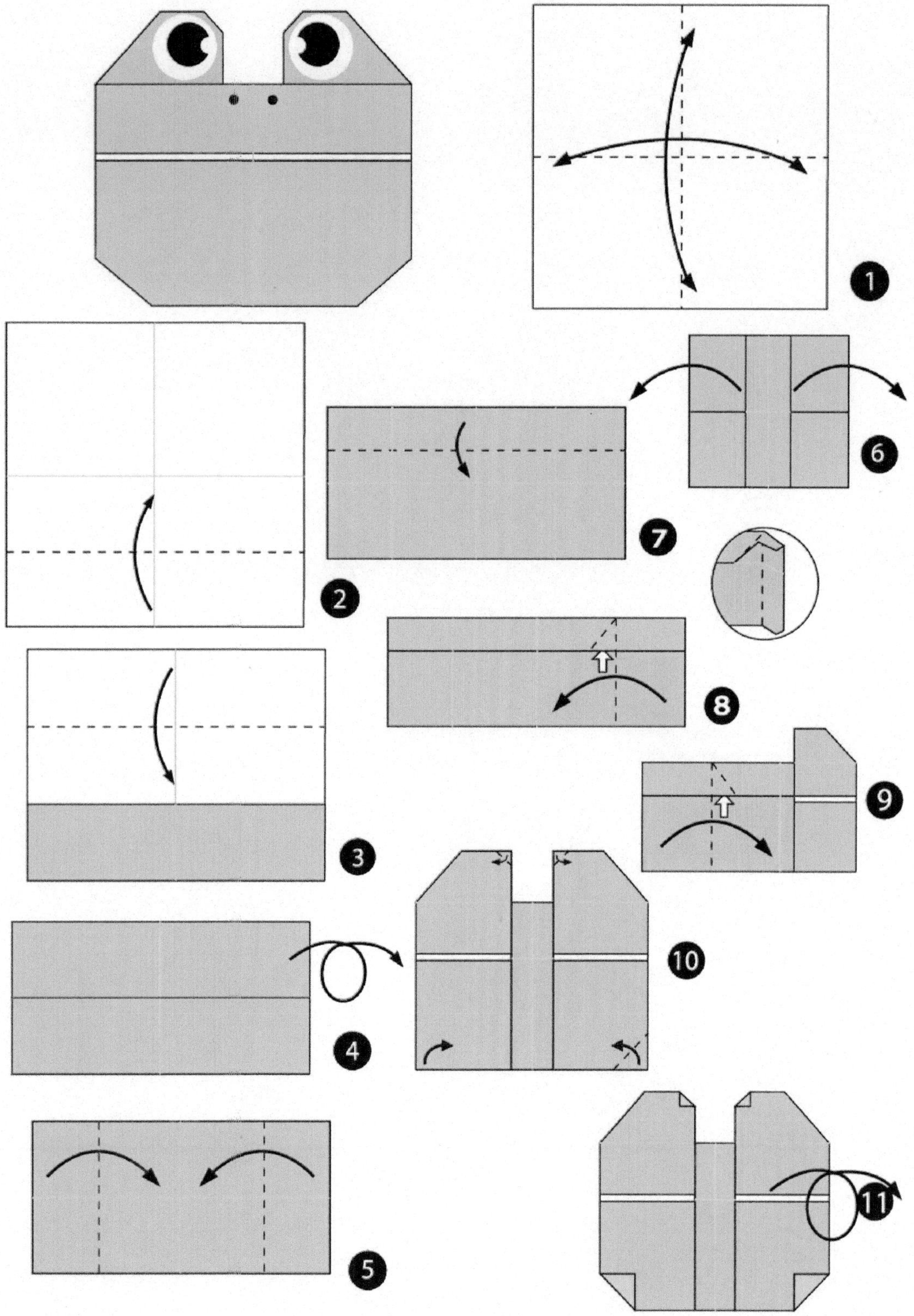
1
2
3
4
5
6
7
8
9
10
11

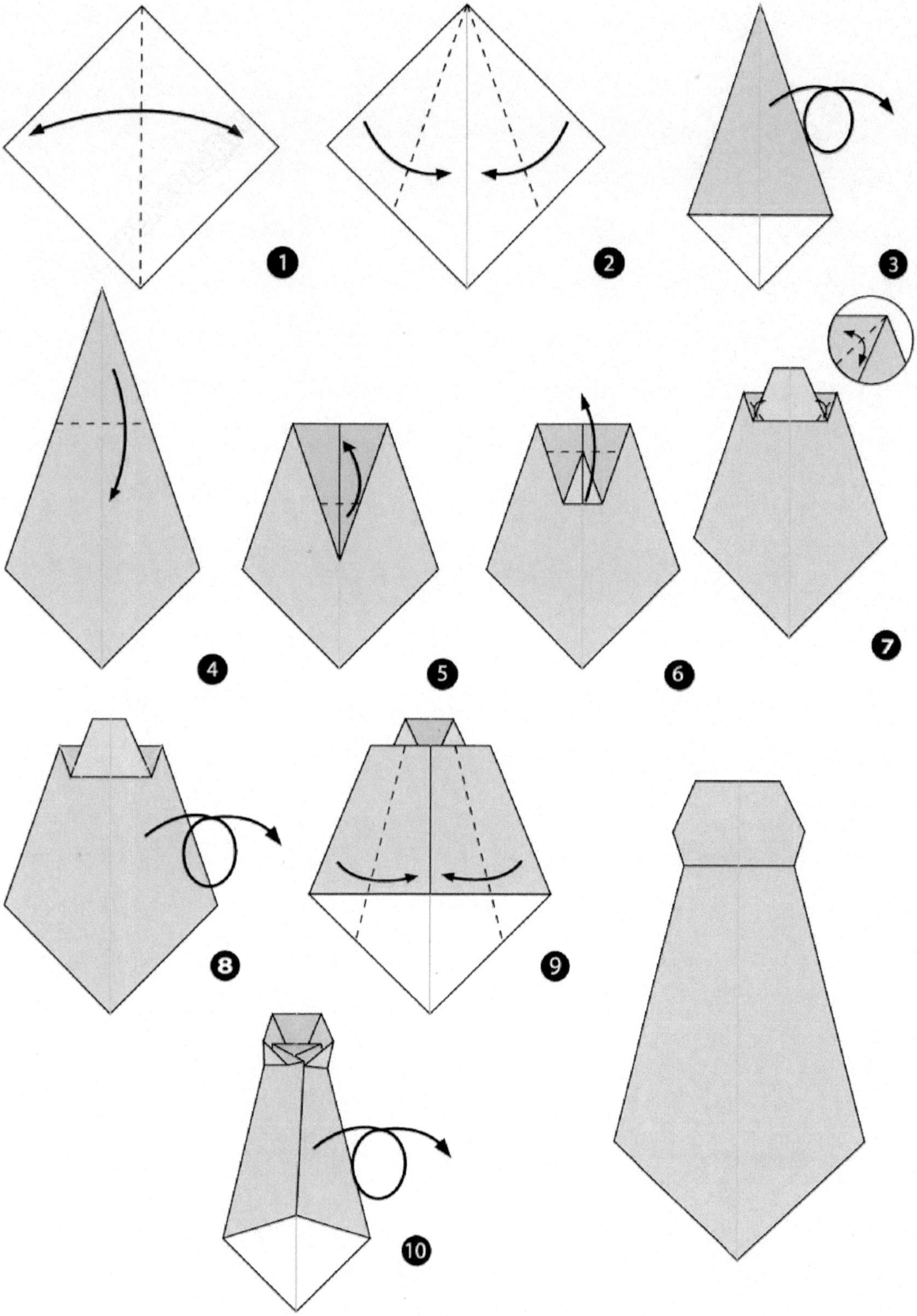
1
2
3
4
5
6
7
8
9
10

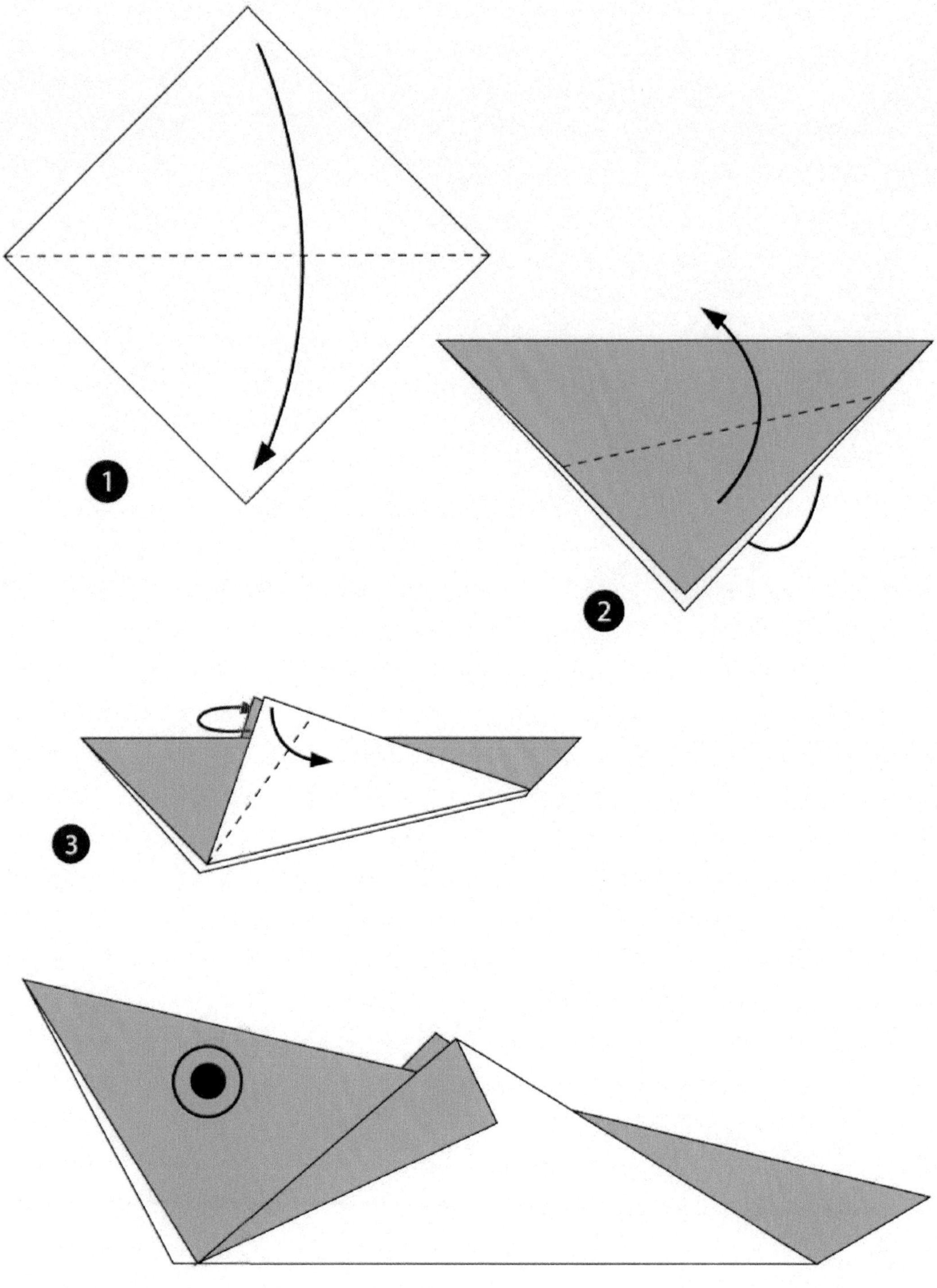
1
2
3

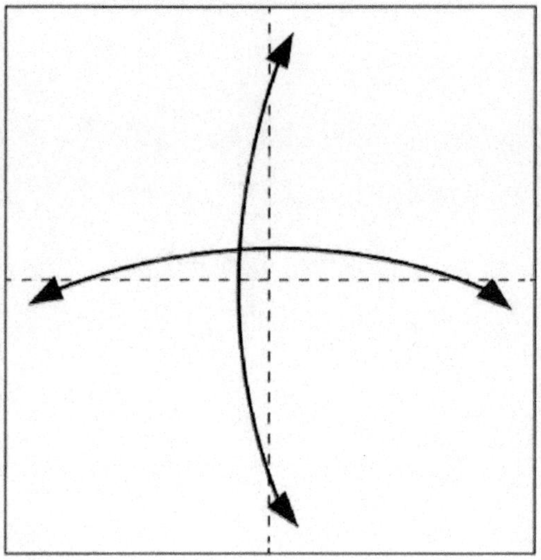

1

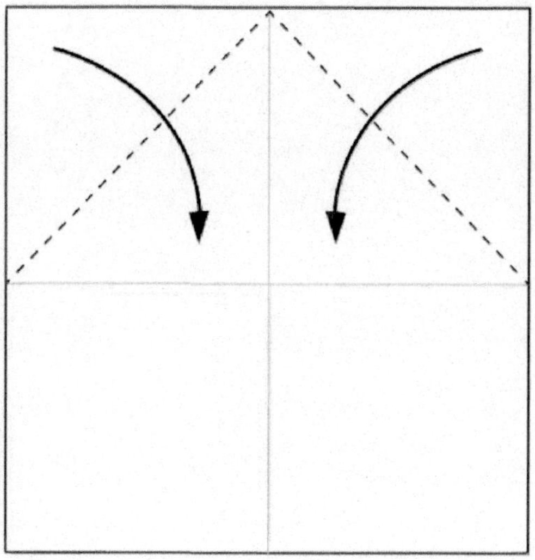

2

3

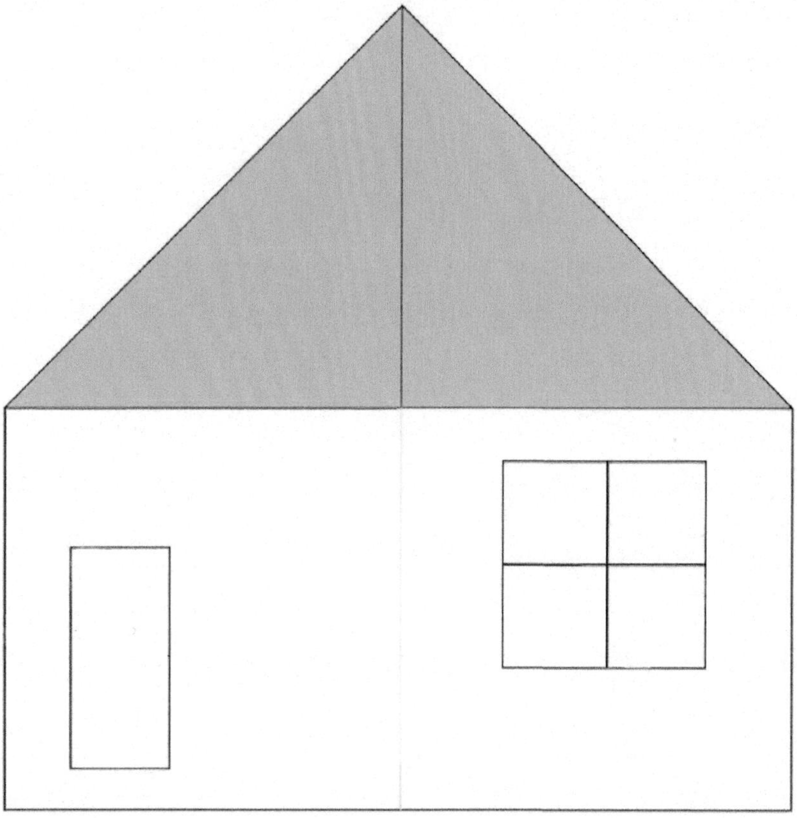

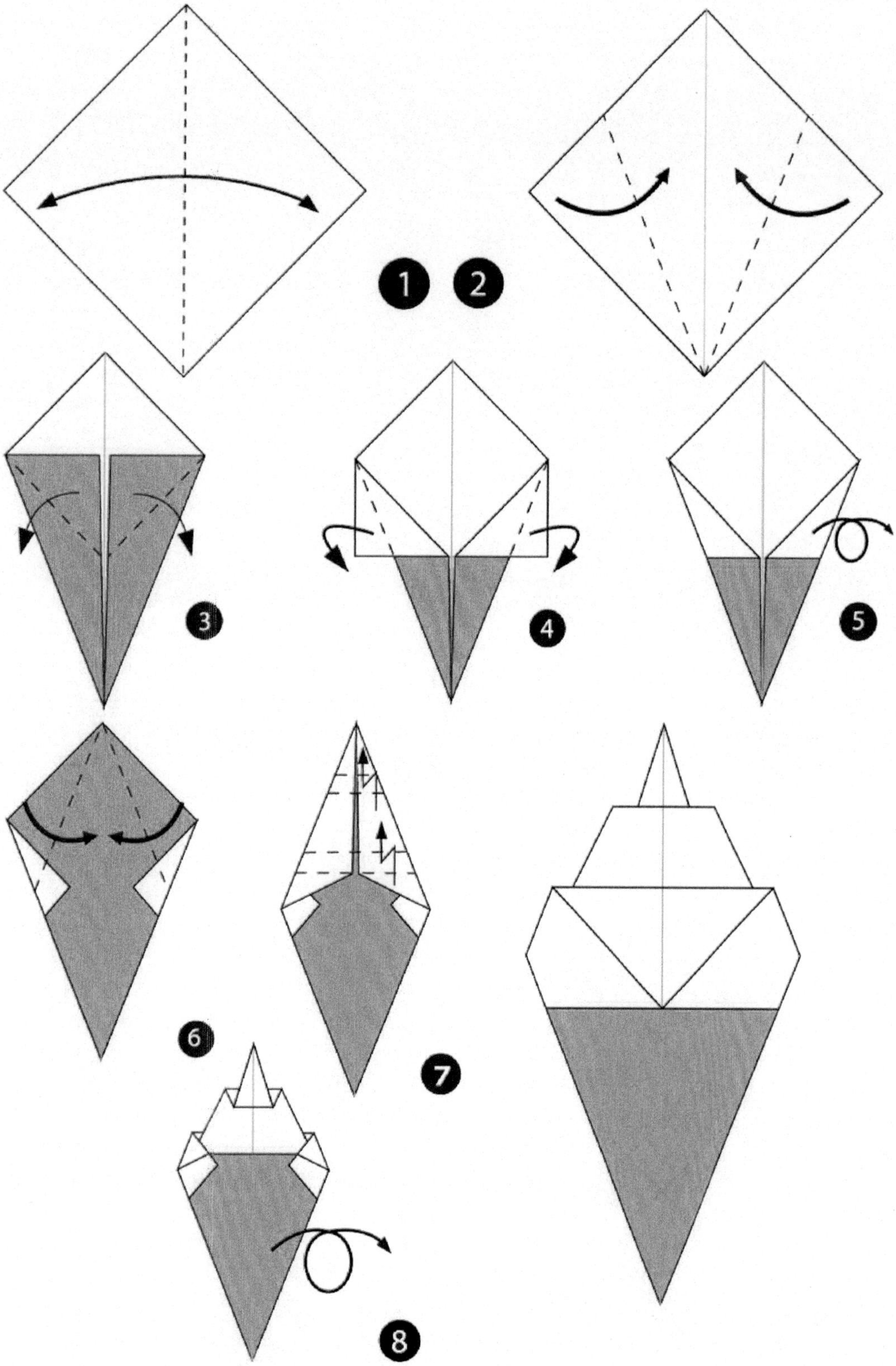
1
2
3
4
5
6
7
8

1
2
3
4
5
6
7
8

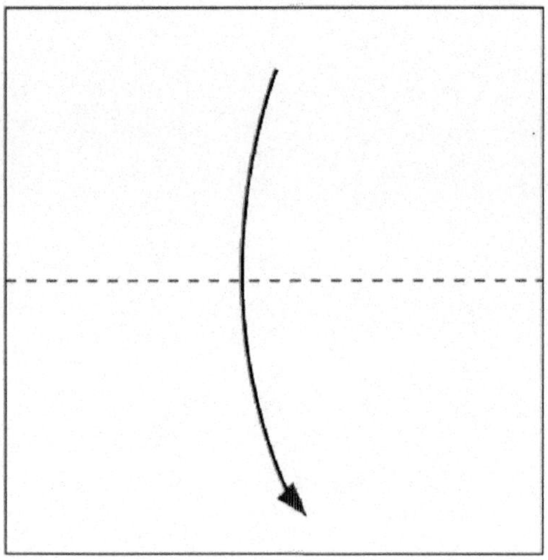

1

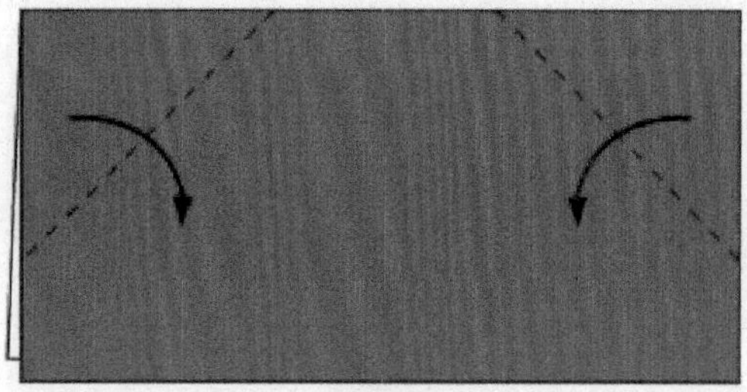

2

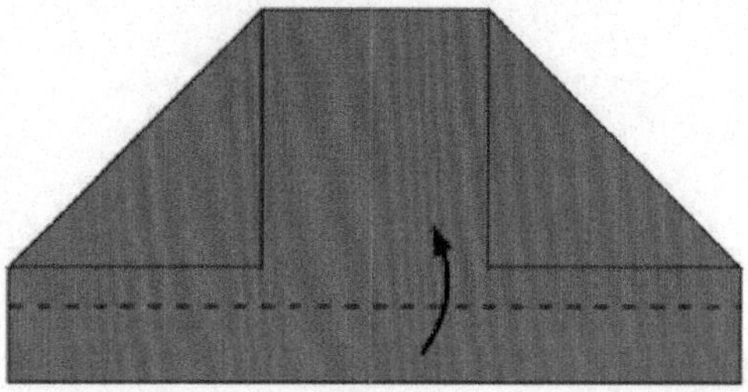

3

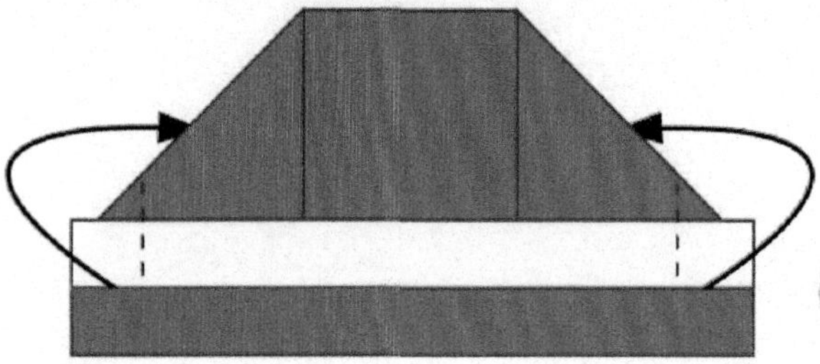

4

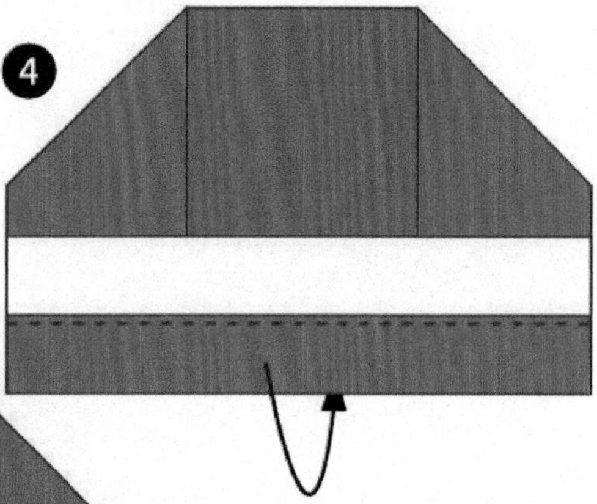

5

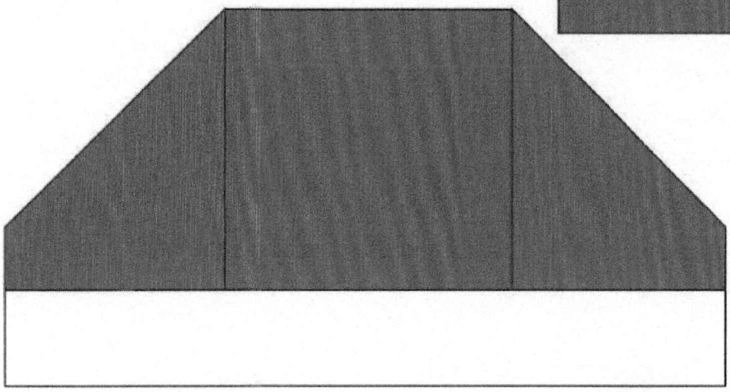

6

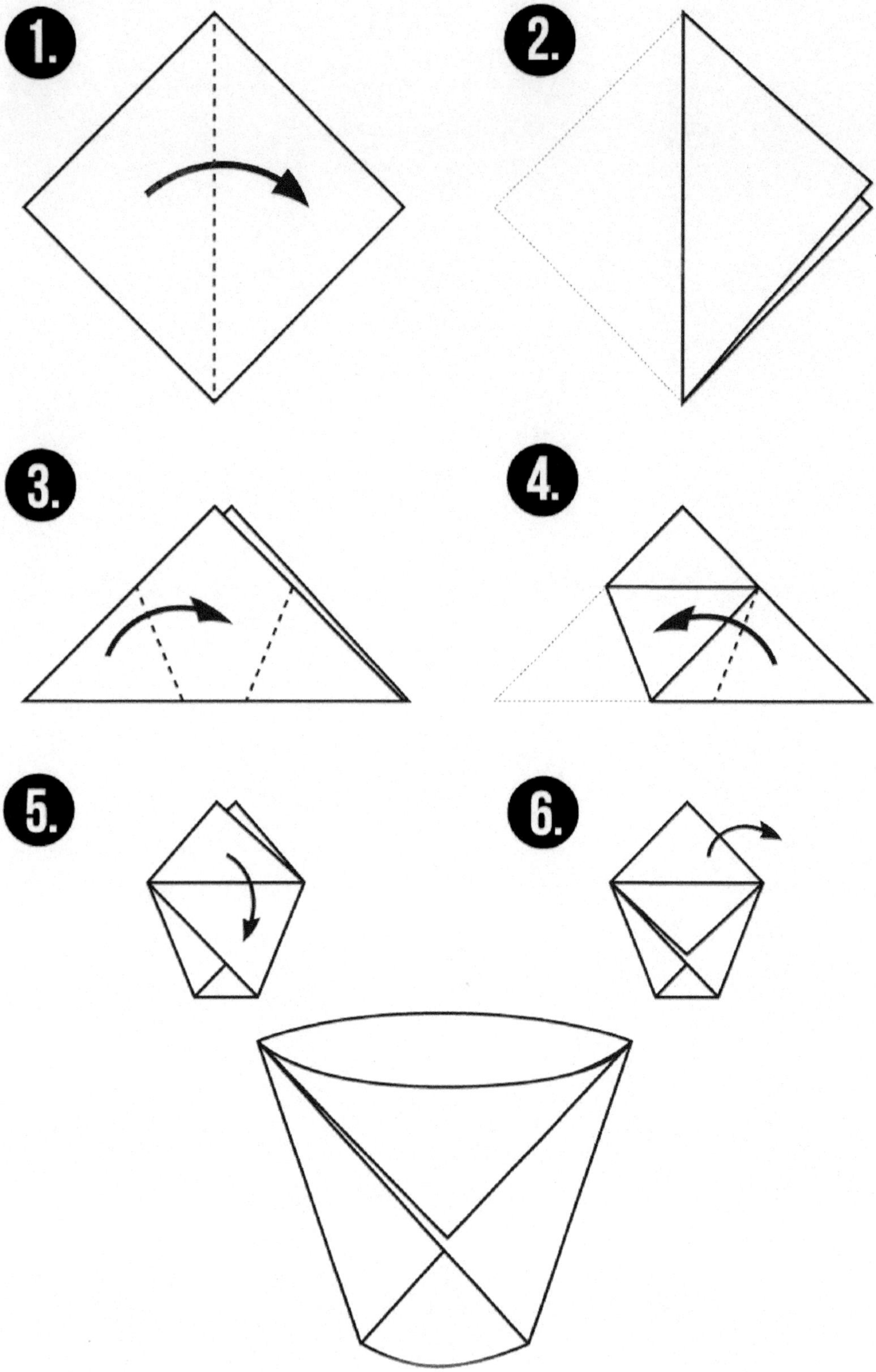
1.
2.
3.
4.
5.
6.

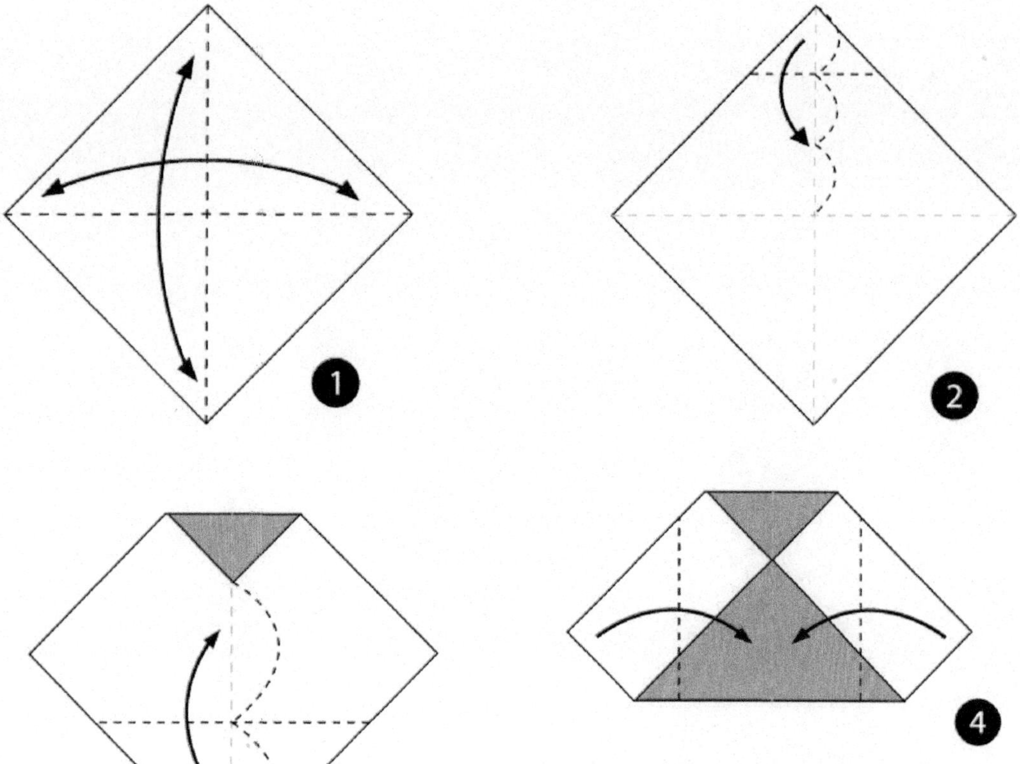
1
2
3
4
5

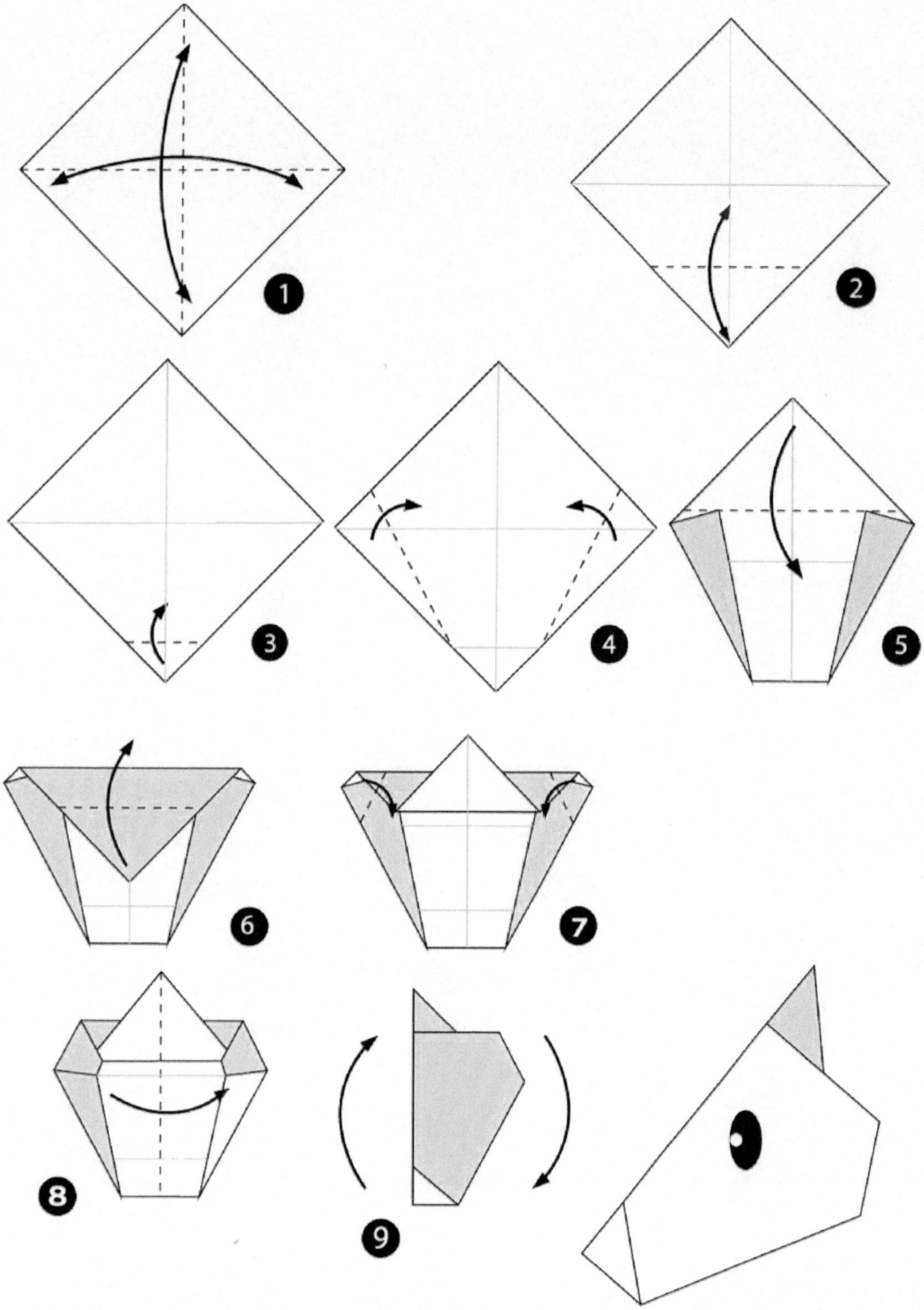
1
2
3
4
5
6
7
8
9

Printed in Great Britain
by Amazon

19168833R00088